Anton Brehm

Elternabend

Modelle für die Praxis

W0069908

Lambertus

Anton Brehm

Elternabend

Modelle für die Praxis

Lambertus

ISBN-10: 3-7841-1628-0
ISBN-13: 978-3-7841-1628-0

Umschlag, Gestaltung, Satz: Ursi Anna Aeschbacher, Biel-Bienne
Herstellung: Jungbluth digital + print, Freiburg

Bibliografische Information Der Deutschen Bibliothek

Die Deutsche Bibliothek verzeichnet diese Publikation in der Deutschen Nationalbibliografie; detaillierte bibliografische Daten sind im Internet über http://dnb.ddb.de abrufbar.

Inhalt

Vorwort

Die in diesem Buch veröffentlichten Elternabendmodelle sind eine Auswahl der von mir gehaltenen Elternabende in Kindergärten, Schulen und kirchlichen Verbänden.

Mein pädagogischer Grundgedanke ist, an den Erfahrungen der Teilnehmer/innen zum jeweiligen Thema anzuknüpfen (Was weiß ich schon?) und sie zu Fragen zu motivieren (was will ich wissen?). Mit diesem Ansatz habe ich gute Erfahrungen gemacht. Die Teilnehmer/innen fühlen sich ernst genommen. Der Referent ist nicht ein „Alleswisser", sondern er will auch von den Teilnehmer/-innen lernen. Dies führte fast immer zu einem lebhaften Erfahrungsaustausch und nicht zu einer „Rechthaberei" von seiten des Referenten oder der Teilnehmer/-innen.

Wichtig finde ich, dass der Referent sich in seinen Impulsen mit seinen persönlichen Erfahrungen einbringt (z.b. seine Stärken und Schwächen in der Erziehung seiner eigenen Kinder zugibt). Die Impulse sollten nicht länger als 20 Minuten dauern.

Das Buch widme ich dem ehemaligen Geschäftsführer des Lambertus-Verlages, Herrn Fritz Boll. Mit ihm wollte ich mich am 20. Dezember 2005 zur Vorbesprechung über dieses Buch treffen und erfuhr in Freiburg von seinem tragischen Tod. Herr Boll hat mich in Gesprächen motiviert, meine langjährigen Erfahrungen als Lehrer, Dozent und Erwachsenenbildungsreferent zu Papier zu bringen. Ihm möchte ich dafür und für seine freundliche Art nachträglich herzlich danken!

Anton Brehm

P.S. Im Buch verwende ich ausschließlich aus Gründen der Lesbarkeit die männliche Form, Frauen sind damit genauso gemeint.

1. Medienpädagogische Themen

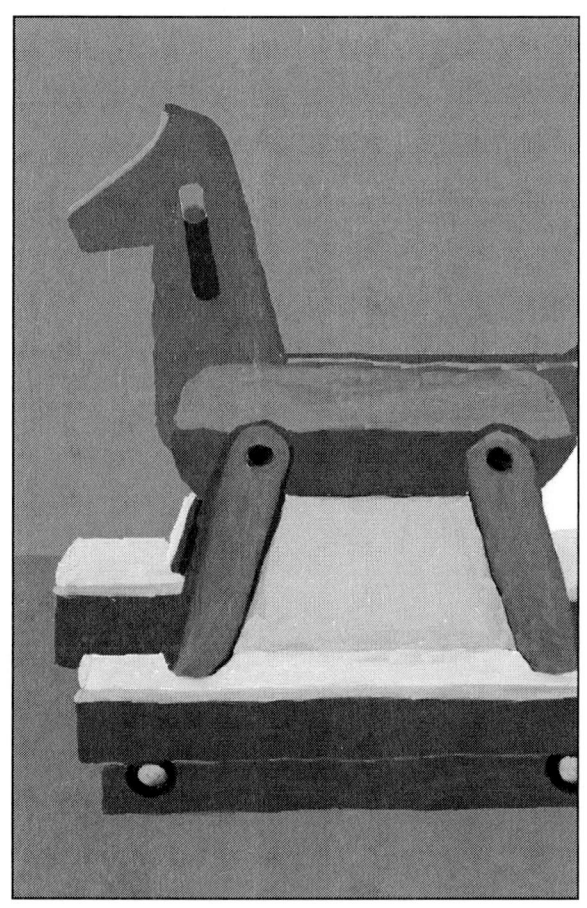

„Kinder brauchen Märchen!
Brauchen Kinder Märchen?"

Elternabend im Kindergarten oder in der Grundschule

Vorbemerkungen

* Die Erzieher und/oder Lehrer werden vor dem Elternabend gebeten, ihre Kinder einen Helden oder eine Heldin ihres Lieblingsmärchens malen zu lassen (anonym, auf der Rückseite des Bildes nur Alter und Geschlecht notieren).

* Die Erzieher und/oder Lehrer wählen sich ein Märchen (vor allem der Gebrüder Grimm) aus, das beim Elternabend erzählt werden soll (am besten das von ihren Kindern am meisten genannte Märchen) und teilen es dem Referenten vorher mit.

* Einen Stuhlkreis um eine gestaltete Mitte vorbereiten: Zum Beispiel zentral erhöht eine alte Ausgabe der Kinder- und Hausmärchen der Gebrüder Grimm, darum herum liegen Figuren von Märchenhelden oder Symbole aus verschiedenen Märchen wie goldene Kugel, Federn, Eselein, Ente, Schwan ...

1. Einstieg

* *Die Teilnehmer werden aufgefordert, eine Figur oder ein Symbol ihres Lieblingsmärchens aus dem Kreis zu holen und sich damit vorzustellen (Name, Anzahl und Alter der Kinder; was fasziniert mich an diesem Märchen?)*

* *Jetzt zeigt der Referent nacheinander die Kinderzeichnungen (siehe Vorbemerkung) und stellt die Lieblingsmärchen der Kindergruppe kurz vor. Gibt es Übereinstimmungen oder Gegensätze zu den Aussagen der Teilnehmer?*

10

2. Hauptteil

* *Erzählen/erzählendes Vorlesen* und kurze Deutung des vereinbarten Märchens: Was sagt das Märchen mir? Was könnte es den Kindern sagen? (Interpretationshilfen: **M 1**)
* *Diskussion:* (Fragen, Anregungen, Ergänzungen ...): Natürlich deutet man Kindern keine Märchen. Aber wenn ein Märchen mir etwas sagt, kommt die Erzählung viel authentischer bei den Zuhörern an (ich kann nur weitergeben, von was ich begeistert bin).
* *Impuls:* Welche Bedeutung haben Märchen für die seelische Entwicklung der Kinder? (**M 2**)

---

3. Schluss

Es wird ein kurzer Zeichentrickfilm (am besten Puppentheater) zum ausgewählten Märchen gezeigt (örtliche Kreismedienzentren; Ökumenischer Medienladen, Augustenstrasse 124, 70197 Stuttgart; Tel. 0711/22276- 67 bis 70; www.evangelisches-medienhaus. de; info@oekumenischer-medienladen.de).

Materialien

M 1: *Literaturhinweis: Anton Brehm: Medienpädagogik und Medienpraxis für soziale Berufe, Bd. 1: Anhang: Wo ist welches Märchen interpretiert? Lambertus-Verlag, Freiburg 2004, S. 233-251*

M 2: *Inhalte und pädagogische Bedeutung der Märchen*

„Nach Hartmann (1980) berühren die folgenden Themen der Märchen den Menschen zutiefst; sie stehen bei den Märchen aller Völker im Mittelpunkt:

Liebe

Das Märchen sieht die Liebe als persönliche Beziehung zwischen den Menschen, als verändernde Kraft, als Macht, die sogar den Tod besiegt. Alle Schattierungen, alle Nuancen der Liebe werden uns vorgeführt, teils mit köstlichem Humor. Die freundschaftlichen Bindungen zwischen Männern gehören hierher, zum Beispiel die Schilderung der treuen Freundschaft eines Königssohnes zu einem Schustersohn – lieber will der Prinz nicht König werden, als dass er seine Freundschaft verrät. Hierher gehören alle im Märchen so fein gezeichneten Bindungen zwischen Mutter und Kind. Die Liebe der Mutter behütet das Kind über den Tod hinaus, wie etwa in ‚Aschenputtel' oder ‚Gänsemagd'.

In der Liebe zwischen Mann und Frau gibt es im Märchen keine ‚Rollenfixierung', etwa dass der Mann der Werbende sein muss und das Mädchen nur die hingebungsvoll Wartende – Märchen sind eben nie ‚altmodisch' und auch nie ‚modisch'. Das Märchen fängt nur alle Möglichkeiten der menschlichen Seele ein. Oft finden wir, dass im Märchen das Mädchen der aktivere Teil ist, zum Beispiel am Ende bei ‚Hänsel und Gretel'. Die Liebende erkennt ihren Partner oft unter der ‚fremden Haut', wie zum Beispiel bei ‚Das Eselein'.

Märchen können also für Kinder die ersten Liebesgeschichten sein. Was Kinder oft nur gefühlsmäßig erfassen oder vordergründig als Spannungselement genießen, kann ihnen später als Lebenserfahrung und Weisheit vieler Generationen begegnen, etwa dass die Liebe einen Menschen verwandeln kann oder dass Liebe den Hass überwindet (wieder ein urbiblisches Prinzip!).

Selbstständigkeit

In vielen Varianten schildert das Märchen die Loslösung des jungen Menschen vom Elternhaus, sein Selbstständigwerden, seine Entwicklung zum Erwachsenen, der eigene Aufgaben in eigener Verantwortung lösen muss. Wir kennen Märchen, in denen dieser Loslösungsprozess friedlich verläuft: das tapfere Schneiderlein will in die Welt hinaus, Vater und Mutter geben ihm neben Käse und Kanarienvogel gute Wünsche und Ermahnungen mit. Der kleine Däumling bekommt vom Vater sogar Pferd und Wagen, damit er beweisen kann, wie ‚groß' er ist. Oft schickt der Vater selbst die Söhne hinaus: er fühlt sich alt und krank, die Söhne sollen das Lebenswasser bringen. Oder die liebste Frau oder den größten Schatz. Wer sich ‚draußen' am besten bewährt, wird an die Stelle des Vaters treten dürfen.

12

Konflikte

Das Märchen berichtet aber auch von Konflikten, die sich zwischen den Generationen bei der notwendigen Loslösung ergeben: Die Alten sind eifersüchtig auf die Nachkommen, werfen die Jungen hinaus. Sie ziehen im Märchen ‚Tischlein deck dich‘, nacheinander alle drei Brüder fort, während der starrköpfige, unnachgiebige Vater mit seiner verlogenen Ziege allein zurückbleibt. In ‚Allerleirauh‘ wird die Auseinandersetzung zwischen Vater und Tochter geschildert; hinter dem Bild des mächtigen Königs, der seine eigene Tochter zur Frau nehmen will, verbirgt sich der Wille des Alten, dem Jungen seine Lebensform aufzuzwingen. Das Mädchen beugt sich nicht, es will seine eigenen Vorstellungen verwirklichen und flüchtet in die Wildnis.

Pubertät

Die Schwierigkeiten der Pubertät und der Entwicklung zum reifen Menschen werden in diesen Loslösungsgeschichten sehr anschaulich dargestellt. Der junge Mensch fühlt sich zu Beginn seiner Wanderung mutterseelenallein, er hat kein Dach über dem Kopf, muss im finsteren Wald auf einem Baum übernachten, weiß den Weg nicht. Mut und Durchhaltevermögen werden auf eine harte Probe gestellt. Läuft der Junge wieder nach Hause zurück? Nein, er wandert weiter, er lernt ‚die Welt‘ kennen – und mit der Welt auch seine eigenen Kräfte und Möglichkeiten. Seine körperlichen, mehr noch seine geistigen und seelischen Fähigkeiten werden Prüfungen unterworfen: Erkennt er das Notwendige, das Mögliche, das Gute und das Böse? Sieht er die Not des anderen? Ist er mitleidig oder selbstsüchtig? Ist er Ermahnungen und Weisungen zugänglich? Verlässt er sich auf sein Gewissen, das im Märchen oft durch seltsame Wesen, Stimmen, Tiere und Geister – als hilfreiche gute Kräfte – versinnbildlicht wird? Ist er bescheiden? Weiß er die Gaben, die Begabungen, die ihm zuteil geworden sind, zu nützen? Findet er den ‚rechten Weg‘?

Der Entwicklungsprozess endet auf mancherlei Weise: Die groß gewordenen Kinder kehren heim, reich an Erfahrungen und Wissen, oft mit „Schätzen“ beladen. Sie sind dem Vater ebenbürtig geworden. Die Versöhnung kann stattfinden. Oder die Jungen erobern ihren Platz in der Welt, werden ‚König‘ und ‚Königin‘, gründen ihr eigenes ‚Reich‘.

Tod

Die Märchen aller Völker beschäftigen sich mit Grenzsituationen: ,Lebensgefahr', ,Begegnung mit dem Tod'. Der Tod tritt in vielen Gestalten auf: Er ist der grausige Knochenmann, er ist der gütige Pate, er ist der weise Fährmann. Oder er kommt als Tolpatsch, den man hinters Licht führen kann. Oft wird das Sterben als Fahrt über ein Wasser geschildert, als Sprung in den Brunnen, als Ritt durch eine Finsternis voller Geheimnisse. Das Sterben erscheint als Übergang in eine andere Lebensform: auf der anderen Seite der Höhle scheint eine neue Sonne, in der Welt unter dem Brunnen gibt es Wiesen mit Apfelbäumen, die Fahrt auf dem kristallenen Schiff führt zum Land der ,Lebenden'. Manchmal wird der Tod nur als Bild für die Wandlungsfähigkeit des Menschen verwendet, für den Entwicklungsprozess, dem der Mensch unterworfen ist.

Begegnung des Menschen mit der Gottheit

Religiöse Erfahrungen, Mythen und Lehren spiegeln sich im Märchen auf teils heitere, teils ergreifende Weise.

* Ein hungriger Zigeuner zieht aus, um den lieben Gott zu erschlagen – der liebe Gott kommt dem Menschen schon entgegen.

* Dem übermütigen Affen gelingt der Purzelbaum aus Buddhas Hand nicht, denn Vater Buddha hält seine Hand bis an die Grenzen der Welt immer schützend unter sein Geschöpf.

* Im chinesischen Märchen vom Blitz verschont der Himmel den Erbarmungswürdigen, mag er auch ein Sünder sein.

* Im indischen Märchen sehnt sich ein Wasserdämon nach Antwort auf die Frage: Was ist gottartig auf der Welt?

* Im thailändischen Märchen wird der Sitz des Götterkönigs ungemütlich hart und heiß, sobald auf Erden etwas Ungerechtes geschieht.

* Im Indianermärchen sind Menschen und Tiere gleichberechtigte Kinder des Großen Geistes.

* Der geheimnisvolle Korb des afrikanischen Sternenmädchens erweist sich dem Neugierigen als leer: Die wirklich kostbaren Güter und Gaben des Menschen kann man nicht mit Händen greifen und nicht mit Augen schauen.

14

Heldentum

Der Held im Märchen zeigt Mut, Zivilcourage, Initiative. Die Geschichte von einem, der auszieht, um anderen zu helfen, ist bei allen Völkern beliebt. Der Held erkämpft, was der Gemeinschaft zu Gute kommt, oder wehrt ab, was die Gemeinschaft bedroht. Die Kräfte und Gewalten, die die Gemeinschaft gefährden, erscheinen unter den abenteuerlichsten Gestalten: menschenfressende Riesen, Drachen, Ungeheuer jeder Art, böse Zauberer und Hexen, mordlustige Könige, aber auch Gegenden, wie Sümpfe, Wüsten, Dornenhecken, können die Rolle des Bösen, des Bedrohenden übernehmen.

Der Held steht denen bei, die sich aus eigener Kraft nicht mehr zu retten wissen. Er erlöst sie aus dem Bann der Hexe (des Bösen), er gibt ihnen ihre wirkliche menschliche Gestalt wieder, so dass die Opfer des bösen Zaubers wieder reden, sich bewegen, leben können. Der mitleidige, hilfsbereite Held, der das Kleinste achtet und das Größte nicht fürchtet, erfährt die Hilfe der ganzen (Um-)Welt. Niemals missachtet oder verletzt er die Natur. Er wird in ihre Geheimnisse eingeweiht. Selbst winzige Ameisen, hässliche Mädchen, uralte Weiblein und verspottete Waldmännlein unterstützen den Helden bei der Erfüllung seiner Aufgaben.

Oft zeigt sich das Heldentum auch im tapferen Annehmen der eigenen Schwächen. Der König mit den Pferdeohren führt seinen Makel dem Volk vor Augen, damit er nicht der Versuchung erliegt, um der Bewahrung seines Geheimnisses willen töten zu lassen.

Überheblichkeit, Neid und Habgier, Grausamkeit und Machtgier werden angeprangert. Was dem unterjochten Menschen in der Realität verweigert wird, wie etwa Gleichberechtigung, Aufstieg, Mitbestimmen der sozialen Strukturen, erfüllt er sich im Wunschmärchen. Er glaubt in seinem tiefsten Herzen, dass die Welt und ihre Gegebenheiten veränderbar sind, und nimmt die Veränderung im Märchen vorweg. Märchen dieser Art lenken das Interesse der Zuhörer auf Missstände, machen diese Missstände bewusst und artikulierbar. Sie schärfen die *Kritikfähigkeit* und bieten der Gemeinschaft verständlich formulierte Ziele für ihre Wünsche – vielleicht auch für ihre Handlungen."

Literatur

Linde Knoch: Praxisbuch Märchen. Gütersloh 2001

„Unter meinem Bett liegt ein Monster!"
– Bilderbücher zur Überwindung von Kinderängsten

Elternabend im Kindergarten oder der Grundschule

Vorbemerkungen

- Die Erzieher und/oder Lehrer werden vor dem Elternabend gebeten, ihre Kinder ein Bild zum Thema: „Vor was habe ich Angst?" malen zu lassen (anonym; auf der Rückseite des Bildes nur Geschlecht und Alter des Kindes notieren).

- Die Erzieher und/oder Lehrer stellen anhand der Kinderzeichnungen die am meisten genannte Angstform fest und teilen sie vor dem Elternabend dem Referenten mit.

- Einen Stuhlkreis um eine gestaltete Mitte vorbereiten: Zum Beispiel zentral ein Bilderbuch zu der häufigsten Angstform der Kinder auslegen, wie beispielsweise Angst vor Gespenstern, Dunkelheit ...; Bilderbücher dazu siehe **M 1**). Darum herum sind Bildkarten zum Thema Angst ausgelegt, zum Beispiel Fotos von Schlangen, Spinnen, Flugzeugen, Krieg, Autounfall, Katastrophen, Tod ...

1. Einstieg

- *Die Teilnehmer werden aufgefordert, sich ein Bild/Foto heraus-zusuchen und sich damit vorzustellen (Name, Anzahl und Alter der Kinder; warum habe ich dieses Bild herausgesucht?). Falls keine Bildkarten vorhanden sind, ist auch eine Metaphermeditation möglich. Die Teilnehmer werden aufgefordert, sich schriftlich anonym zu äussern: „Angst ist für mich wie ...“; oder: „Ich habe Angst vor ...“. Die Zettel werden vom Referenten vorgelesen.*

* *Jetzt zeigt der Referent die Kinderzeichnungen (siehe Vorbemerkung) und stellt die jeweiligen Angstformen der Kinder vor. Gibt es Übereinstimmungen oder Gegensätze zu den Äusserungen der Erwachsenen?*

2. Hauptteil

* *Impuls:* Wie soll ich als Mutter und/oder Vater mit den Ängsten meines Kindes umgehen? (**M 2**)
* *Vorstellung* eines Bilderbuches zu der von den Kindern am häufigsten genannten Kinderangst. (**M 1**)
* *Diskussion:* Beurteilen Sie dieses Bilderbuch nach den vorher genannten Kriterien, vor allem den Kriterien 1 bis 4. Ist es hilfreich zur Behandlung dieser Kinderangst?

3. Schluss

* Es wird ein religiöses Kinderlied zum Thema „Angst" vorgestellt: zum Beispiell: „Ich bete, wenn ich traurig bin". (**M 3**)
* oder ein thematisches Gebet von Jörg Müller. (**M 4**)

Materialien

M 1: *Bilderbücher zum Thema „Angst"*

Beispiele von Bilderbüchern zum Thema Angst:

* Achim Bröger/Reinhard Michel „Draußen ist es dunkel" (Thienemann) – Angst vor dem Schlafen
* Gudrun Pausewang „Die Kinder in der Erde" (Ravensburger) – Angst vor Umweltzerstörung

18

- Hilde Schuurmans „Plotter will nicht schwimmen" – Angst vor Wasser
- Mercer Mayer „Da liegt ein Krokodil unter meinem Bett" (Ravensburger) – Angst vor Gespenster
- Ingrid Huber/Constanza Droop „Schlaf gut, kleiner Bär" (Coppenrath) – Angst vor dem Schlafen
- Maurice Sendak „Wo die wilden Kerle wohnen" (Diogenes) – unbewusste Ängste, Strafe, ins Bett gehen zu müssen: *Klassiker – Jugendliteraturpreis*
- Valérie Dayre „Die Menschenfresserin" (Hammer) – unbewusste Angst vor der mütterlichen „Umklammerung"
- David McKee „Nicht jetzt, Jakob" (Alibaba) – Angst vor dem Alleingelassenwerden
- Helen Cooper „Der Bär unter der Treppe" (Kinderbuch) – Angst vor Monstern
- Ursula Wölfel/Marlene Pingel „Der Nachtvogel" (Ravensburger) – Angst vor Monstern
- Hermann Nmoers/Józef Wilkon „Tonio auf dem Hochseil" (Nord-Süd) – Angst vor dem Auftreten im Zirkus
- Susanne Köster „Hannes sieht Gespenster" (Loewe) – Angst vor Gespenstern (L+L 1998, H. 11, S. 21)
- Michael Ende/Annegert Fuchshuber „Das Traumfresserchen" (Thienemann) – Angst vor bösen Träumen
- Achim Bröger/Reinhard Michl „Draußen ist es dunkel" (Thienemann) – Angst vor der Dunkelheit
- Jutta Bauer/Kirsten Boie „Juli und das Monster (Beltz) – Angst vor Monstern
- Sylvia Deinert/Tine Krieg/Ulrike Boljahn „Das Familienalbum" (Lappan) – Angst vor sexuellem Missbrauch
- Antoinette Becker/Marlis Scharff-Kniemeyer „Und was wird aus uns? Eine Familie geht auseinander" (Ravensburger) – Angst der Kinder bei der Scheidung der Eltern
- Helme Heine „Der Boxer und die Prinzessin" (Middelhauve) – Angst vor Gefühlen
- Wolfgang Traub „Peters Traumlöwe" (Nord-Süd) – Angst vor dem Einschlafen

- Mick Inkpen „Schlafe, Prinzesschen, schlaf ein!" (Münster) – Angst vor Monstern
- Brigitte Weniger „Das allerkleinste Nachtgespenst" (Neugebauer-Verlag) – Angst vor Gespenstern
- Guilla Hansson „Geschichten von Max und Mia" (Ravensburger) – Angst beim Schwimmen, vor dem Einschlafen oder vor dem Haareschneiden
- Grégoire Solotareff „Wer hat Angst vor einem Hasen?" (Moritz) – Angst vor Tieren
- Hein Janisch „Benni und die sieben Löwen" (Beltz) – Verarbeitung von Wut, Frustrationen und Angst
- Hermann Moers „Holpeltolpel" (Nord-Süd) – Alleinsein in der Wohnung
- Max Velthujs „Frosch hat Angst" (Lentz) – Angst vor Gespenstern
- Una Leavy „Die Sturmnacht" (Herold) – Angst vor Unwetter
- Wenche Oyen/Marit Kaldhol „Abschied von Rune" (Ellermann) – Angst beim Tod eines Freundes im Kindergartenalter; *Jugendliteraturpreis*
- Susi Bohdal „Selina, Pumpernickel und die Katze Flora" (Nord-Süd) – Angst vor Tieren, Projektion von Ängsten (L+L 1998/H. 11)
- Luis Murschetz „Der Maulwurf Grabowski" (Diogenes) – Angst vor der Umweltzerstörung
- Marin Waddell/Barbara Firth „Kannst nicht schlafen, kleiner Bär?" (Betz) – Angst vor dem Schlafen/Dunkelheit
- Tony Ross „Ich komm dich holen!" (Thienemann) – Angst vor Gespenstern; *Jugendliteraturpreis*
- Nele Maar/Verena Ballhaus „Papa wohnt jetzt in der Heinrichstrasse" (Pro Juventute) – Ängste der Kinder bei Scheidung der Eltern; *Jugendliteraturpreis*
- Claudia Baumann/Marimar del Monte „Lena hat Angst" – Geschichte eines sexuellen Missbrauchs (Donna Vita) – Ängste bei sexuellem Missbrauch
- Babette Cole „Ich hab so Angst vor Tieren" (Gerstenberg)

- Karin Saur „Im Land der Träume" (Heuer) – Angst und Überwindung von der Außenseiterrolle
- Ingrid Mylo/Marie-José Sacré „Der magische Schal" (bohem press) – der Schal als Hilfsmittel gegen viele Ängste, vor allem Angst vor anderen Kindern (L+L 1998, H. 11, S. 20)
- Hannu Taina „Matti und sein Krokodil" (bohem press) – Krokodil als Beschützer in verschiedenen Angstsituationen, zum Beispiel Gewitter, Einschulung … Selbstüberwindung der Angst (L+L 1998, H. 11, S. 20)
- Ingrid und Dieter Schubert „Ein Krokodil unterm Bett" (Sauerländer) – Angst vor dem Alleinsein (L+L, 1998, H. 11, S. 23)
- Rien Broere „Tom braucht Freunde" (Ellermann) – Angst vor Verlust von Freunden beim Umzug
- Rien Broere „Sofie und die Nachtgespenster" (Ellermann) – Angst vor Dunkelheit

Aus: Anton Brehm: Medienpädagogik und Medienpraxis für soziale Berufe, Lambertus-Verlag (Freiburg) 2004, Bd. 1. S. 149-151

M 2: „Zehn Gebote" im Umgang mit Ängsten bei Kindern

1. Machen Sie Ihrem Kind nie Angst. Angstmachen und Drohen sind keine geeigneten Erziehungsmittel.

2. Nehmen Sie die Ängste Ihres Kindes ernst. Machen Sie sich darüber nicht lustig und bagatellisieren Sie diese nicht.

3. Hat Ihr Kind Ängste, so ermutigen Sie es, Ihnen davon zu erzählen.

4. Machen Sie Ihrem Kind Mut, die Angst anzugehen. Überlegen Sie mit ihm Wege dazu, zwingen Sie es aber zu nichts.

5. Das Kind lernt von den Eltern den Umgang mit Ängsten. Geben Sie ein Beispiel für vernünftige Bewältigung und den Umgang mit Ängsten.

6. Lehren Sie Ihr Kind, auf Gefahren zu achten und sich zu schützen.

7. Überbeschützen Sie Ihr Kind aber nicht. Dadurch machen Sie es nur hilflos, abhängig und „klein".

8. In Rollenspielen, Märchen, Bilderbüchern und auch im freien Spiel finden Kinder Hilfe, ihre Ängste zu bewältigen. Fördern Sie dies.

9. Nutzen Sie jede Gelegenheit, das Vertrauen des Kindes zu sich selbst und zu seinen Fähigkeiten zu fördern. Sagen Sie Ihrem Kind immer wieder, und lassen Sie es fühlen, dass es geliebt und, wenn nötig, beschützt sein wird.

10. Nehmen Sie Ihre eigenen Ängste wahr und auch ernst. Belasten Sie aber Ihr Kind nicht mit Ihren Sorgen und Befürchtungen.

M 3: *„Ich bete, wenn ich traurig bin"'*

Heut' wird der Flocki überfahrn'
der Hund von gegenüber.
Ich hab' den ganzen Tag geweint
denn Flocki war mir wie ein Freund.
Warum ist das geschehen?

Im Krankenhaus in unsrer Stadt,
da liegen viele Kinder.
Die können nie zum Spielen raus
und manche halten Schmerzen aus.
Warum muss das geschehen?

Ich bete, wenn ich traurig bin.
Sag' Jesus meine Fragen.
Gib' uns doch einen kleinen Hund
und mach' die Kinder bald gesund!
Hilf mir, dich zu verstehen!

Aus CD: „Herzlichen Glückwunsch"; Arno & Andreas und die Regenbogenkinder. Lieferbar über: Arnos Bauchladen, Hauptstrasse 13, 34379 Calden; Tel.: 05677-134; Telefax: 05677-528; www.arnobackhaus.de; bauchladen@arno-backhaus.de

M 4: *Ängste bewältigen*

Herr, ich habe Angst.
Ich bin unruhig und voller Sorge.
Zwar mime ich oft den Mutigen, doch in meinem
Herzen frisst die Furcht.
Nachts reißen Träume mich aus dem Schlaf,
am Tag bin ich nervös und unkonzentriert.

Ich überfliege die Wirklichkeit,
Begonnenes führe ich nicht zu Ende,
Geplantes schiebe ich vor mich hin.
Im Augenblick spüre ich die Angst
besonders stark.

Ich habe Angst zu versagen,
abgelehnt zu werden, ausgelacht zu werden,
allein zu sein, hilflos und verlassen.
Was tue ich nicht alles,
um meine Ängste loszukriegen:

Ich sichere mich gegen alles ab,
ich sammle Versicherungspolicen,
Garantiescheine und Horoskope,
ich mache mich beliebt, um die Zuneigung
der Menschen nicht zu verlieren,
ich laufe durch die Gegend, suche den Lärm,
um mich abzulenken.

Es nutzt nichts, Herr. Sie ist wieder da,
die Angst.

Was hast du gemacht, als du Angst hattest
im Ölgarten und auf Golgotha?
Du hast sie einfach ausgehalten, durchgestanden.
Du bist nicht geflüchtet,
du hast dich der Situation gestellt.
Im Grunde einfach und doch schwer.

Als Kind hatte ich Angst.
Da sagte mein Vater,

ich brauche keine Furcht zu haben,
weil er ja anwesend sei.
Dasselbe hast du deinen Aposteln gesagt,
immer wieder: Fürchtet euch nicht, ich bin da!

Aber, Herr, es gibt Dinge,
die zum Fürchten sind:
Einsamkeit, Krankheit, Tod.
Was soll ich tun?
Ist es möglich, dass du die Angst zulässt,
damit ich sie annehme?
Damit ich auf sie zugehe und das tue,
wovor ich mich fürchte?

Aus: Jörg Müller: Orientierungen. Thematische Gebete. Steinkopf Bücherei, Stuttgart 1980, S. 46f.

Literatur

Sebastian Bröder: Kinderängste verstehen. So machen Eltern Kindern Mut. Herder-Verlag, Freiburg 2004

M. Frumentia Maier/Andrea Bitsch-Doll/Stephanie Stern: Warum fürchtet sich Hannes so sehr? In: kindergarten heute, Heft 10/2005, Herder-Verlag, Freiburg, S. 21-27

Peter Hummerschmid: Das Monster unter meinem Bett (1): Kinderängste verstehen lernen. In: kindergarten heute, Heft 5/2001, S. 6ff. Herder-Verlag, Freiburg, S. 6ff.

Jan-Uwe Rogge: Kinder haben Ängste. Von starken Gefühlen und schwachen Momenten. Rowohlt-Verlag, Reinbek bei Hamburg 1997, 2. Auflage 2001

Macht Fernsehen „dick, dumm und gewalttätig"?

Elternabend im Kindergarten oder in der Grundschule

Vorbemerkungen

* Die Erzieher oder Lehrer werden vor dem Elternabend gebeten, ihre Kinder malen zu lassen, welche Fernsehfigur aus einer Fernsehsendung sie besonders lieben (keine Namen der Kinder aufschreiben; auf der Rückseite des Blattes nur Alter und Geschlecht notieren).

* Einen Stuhlkreis um eine gestaltete Mitte vorbereiten: Zum Beispiel einen kleinen Fernsehapparat, Spielfiguren aus Fernsehsendungen und/oder Bildkarten der von den Kindern gemalten Kindersendungen auslegen; die Logos der jeweiligen Sendungen können im Internet gefunden werden ...

1. Einstieg

* *Die Teilnehmer werden gebeten, sich eine Figur oder ein Bild einer Fernsehsendung aus der Mitte zu holen, die/das Sie besonders anspricht und sich damit kurz vorzustellen (Name, wie viel Kinder? Alter der Kinder; was für Sendungen bevorzugen meine Kinder?) Freiwilligkeit!*

* *Jetzt zeigt der Referent nacheinander die Kinderzeichnungen (siehe Vorbemerkung) und erklärt kurz den Inhalt der jeweiligen Sendungen (Kurzfassung aus FLIMMO; **M 1**). Einteilung in: „Kinder finden's prima; mit Ecken und Kanten; für Kinder schwer verdaulich".*

25

Je nachdem, ob genügend Zeit vorhanden ist, kann der Referent noch kurze Ausschnitte aus den drei am häufigsten genannten Kindersendungen zeigen. Es soll aber nicht mehr über die jeweilige Sendung diskutiert werden.

2. Hauptteil

* *Impuls:* „Hirnforscher kritisiert Fernsehkonsum". **(M 2)**
* *Diskussion:* Was halten Sie von dieser Meinung? (Nicht kommentieren!)
* Stellungnahme des Referenten. **(M 3), (M 4), (M 5)**
* *Diskussion der Thesen des Referenten:* (Fragen, Anmerkungen, Ergänzungen, andere Meinungen ...).
* *Impuls:* „Zehn Goldene Regeln" zur Fernseherziehung. **(M 6)**

---

3. Schluss

Stillemeditation zum Konsumaltar:
Wir fragen uns anhand des Bildes: Woran hängt mein Herz? **(M 7)**

Materialien

M 1: *FLIMMO – Programmberatung für Eltern. Bayerische Landeszentrale für neue Medien – BLM – (Hrsg.). www.flimmo.de; herausgeber@flimmo.tv*

M 2: *„Fernsehen und Computerspiele machen dumm"*

Der Hirnforscher Professor Manfred Spitzer warnt vor den Gefahren von Bildschirmmedien, insbesondere für Kinder und Jugendliche. Er zeigt die Folgen von Fernsehen, Computerspielen, Internet, Video und Handy für die Gehirnentwicklung, Gesundheit und Gesellschaft. Das *Magazin Schule* hat ihn befragt.

Magazin Schule: Dass zu viel Fernsehen und Computerspiele schädlich sind, ist allgemein bekannt. Können Sie Fakten nennen, die das wissenschaftlich untermauern?

Professor Spitzer: Es gibt viele Fakten. Eine große neuseeländische Studie an über 1.000 Kindern, die von der Geburt bis zum Erwachsensein untersucht wurden, zeigte Folgendes: Der Fernsehkonsum in Kindheit und Jugend führt zu Übergewicht und Gesundheitsrisiken wie geringe Fitness und erhöhten Cholesterinspiegel im Erwachsenenalter. Erst kürzlich wurde herausgefunden, dass derjenige, der als Kind viel fernsieht, mit der geringsten Wahrscheinlichkeit einen Universitätsabschluss als Erwachsener haben wird. Aus anderen Studien wissen wir, dass Fernsehen in der Kindheit zu Aufmerksamkeitsstörungen und zu Lese-Rechtschreibschwächen in der Schule führt.

Magazin Schule: Sie schlagen vor, dass Kinder möglichst wenig in Kontakt mit Bildschirmmedien kommen?

Professor Spitzer: Ja. Macht man sich erst einmal die Gefahren von Bildschirmmedien klar, von körperlichen Schäden über verminderte Bildungschancen bis hin zu vermehrter Gewaltbereitschaft, so ist es nicht übertrieben, vor dem Kontakt mit Bildschirmmedien zu warnen. Fernsehen und Computerspiele machen krank, dumm und gewalttätig. Man kann es so einfach ausdrücken und die Studienergebnisse hierzu sind erdrückend.

Magazin Schule: Gibt es Unterschiede darin, wie Mädchen und Jungen das Internet nutzen?

Professor Spitzer: Es gibt geschlechterspezifische Unterschiede in der Internetnutzung. Mädchen chatten und machen ihre Hausaufgaben mit Hilfe der im Netz verfügbaren Informationen, Jungen hingegen laden verbotene Inhalte herunter und spielen Gewalt-Spiele. Gerade im kritischen Alter von zwölf Jahren würde ich daher Jungen auf keinen Fall PC-Benutzung und Internetzugang erlauben. Auch hierzu gibt es Studien: Es wird immer wieder behauptet, der Computer mache schlau und weltoffen. Das Gegenteil ist der Fall: Je mehr Zeit die Jugendlichen am Computer verbringen, desto einsamer werden sie und desto eher sinken die Schulleistungen.

Magazin Schule: Weshalb sinken die Leistungen?

Professor Spitzer: Wer seine Neugier damit befriedigt, dass er im Spiel von Ebene 17 auf Ebene 18 kommt, der hat sozusagen keine Neugierde mehr übrig, um sie auf anderes anzuwenden. Wer abends und nachts Videos schaut, ist morgens müde. Wer sich emotionale „Kicks" von Bildschirmmedien holt, ist gegenüber der realen Welt abgestumpft. Damit sind nur drei Mechanismen erwähnt, die allesamt dazu führen, dass Bildschirmmedienkonsum Lernen beeinträchtigt.

Magazin Schule: Wie viel wird denn ferngesehen?

Professor Spitzer: Zweijährige verbringen zwei Stunden vor Bildschirmmedien. In Deutschland sitzen um 22 Uhr noch 800.000 Kinder im Vorschulalter vor dem Fernseher, um 23 Uhr sind es 200.000 Kinder und um Mitternacht sind es noch 50.000. Der mittlere tägliche Fernsehkonsum von Jugendlichen beträgt dreieinhalb Stunden plus zwei Stunden vor dem Computer oder Konsolenspiel. Mit fünfeinhalb Stunden ist der Bildschirmmedienkonsum nach dem Schlafen die von Jugendlichen am häufigsten zugebrachte Tätigkeit. Erst danach kommt die Schule.

Magazin Schule: Wie wirkt sich dieser starke Fernsehkonsum bei noch kleinen Kindern auf deren Lernen aus?

Professor Spitzer: Kinder sind noch lernfähiger als Jugendliche, weswegen sie auch die Inhalte des Fernsehens rascher aufnehmen. Bei ganz kleinen Kindern sind es nicht einmal die Inhalte, sondern es ist vielmehr die Form der Information von Bildschirmmedien, die sich schädlich auswirkt. Von Bildschirmmedien und Lautsprechern kommen Signale, die weniger zusammenhängen als die Signale aus der realen Welt. Damit hat es das Gehirn schwerer, mittels dieser Signale Erfahrungen zu konstruieren. So lässt sich verstehen, wie Bildschirmmedienkonsum im Kleinkindalter zu Aufmerksamkeitsstörungen im beginnenden Schulalter führt.

Magazin Schule: Trotzdem werden Sendungen für die ganz Kleinen produziert, zum Beispiel Teletubbies.

Professor Spitzer: Teletubbies sind nichts weiter als eine Einstiegsdroge. Hier werden die Kleinsten der Kleinen schon an das Medium Fernsehen gewöhnt. Man sollte im Kindergartenalter überhaupt nicht fernsehen und jede Sendung, die letztlich darauf abzielt, kann Kindern nur schaden. Es ist skandalös, dass die Produzentin der Teletubbies, Anne Wood, für diese Produktion in Großbritannien sogar geadelt wurde.

28

Magazin Schule: Gibt es überhaupt sinnvolles Fernsehen für Kinder und Jugendliche, wie Tier- und Kulturfilme?

Professor Spitzer: Ich schlage vor, dass kleine Kinder überhaupt nicht fernsehen. Im Schulalter wird dann ein sinnvolles Programm, vielleicht eine halbe Stunde pro Tag, wahrscheinlich nicht sehr schaden. Genaue Studien liegen jedoch nicht vor.

Magazin Schule: Warum sind Bildschirmmedien für den Menschen, trotz des Wissens um die Gefahren, so faszinierend?

Professor Spitzer: Wie andere Primaten auch sind Menschen vor allem auf das visuelle System bezogen: Ein Drittel des menschlichen Gehirns dient der visuellen Informationsverarbeitung. Medien, die uns Bilder liefern, haben daher eine besondere Anziehungskraft.

Aus: Annette Schumm: Fernsehen und Computerspiele machen dumm. In: Magazin Schule, 17/2005, Hrsg.: Ministerium für Kultus, Jugend und Sport Baden-Württemberg, S. 6f.

Siehe auch: Manfred Spitzer: „Wer seinem Kind Gutes tun will, kaufe ihm bitte keinen Computer!" Interview mit Manfred Spitzer. In: psychologie heute. Heft 1/2006, S. 34ff.

M 3: *Meinung des Referenten*

Spitzer greift nur die Problemgruppe der Vielfernseher (Kleinkinder und Kindergartenkinder mit über drei Stunden täglich) heraus und verallgemeinert seine Meinung, weitet sie auf alle Altersgruppen aus. Damit macht er vielen verantwortungsvollen Eltern ein schlechtes Gewissen! Das Fernsehen wird zum Sündenbock für die genannten Verhaltensauffälligkeiten von Kindern.

Nach der letzten Analyse der Fernsehnutzung Drei- bis 13-Jähriger (2004) schauen Kinder von drei bis fünf Jahre durchschnittlich täglich 56 Minuten fern, Kinder von sechs bis neun Jahren 60 Minuten. Diese Daten liegen weit unter den von Spitzer genannten drei Stunden täglich (vgl. Sabine Feierabend/Walter Klinglerl: Was Kinder sehen. In: Media Perspektiven, Heft 4/2005, S. 164. Hrsg.: Hessischer Rundfunk in Zusammenarbeit mit der ARD-Werbung www.media-perspektiven.de).

Fernsehen macht dick: Diese Vielfernseher bewegen sich nicht weniger, sondern essen vor dem Fernseher kalorienreichere Kost. Die Bewegungsarmut kann nicht allein dem Fernsehen zugeschoben werden. Auch wer Bücher liest, bewegt sich beispielsweise dabei nicht. Die Bewegungsarmut ist ein allgemeines Problem unserer Wohlstandsgesellschaft.

Fernsehen macht dumm: Die Ansicht, dass Fernsehen dumm macht, bezieht sich auf internationale Studien und nicht auf deutsche. Es gibt auch gegenteilige Auffassungen, zum Beispiel von Steven Johnson, der sogar behauptet: „Everthing bad ist good für you." Ferner hat das Ergebnis einer neuen internationalen PISA-Auswertung ergeben: Wer als Schüler regelmäßig zu Hause den Computer zum Lernen nutzt, hat in der Regel in allen wichtigen Schulfächern bessere Leistungen. Die von Spitzer genannten Studien berücksichtigen nicht die soziologischen, ökonomischen und kulturellen Hintergründe der Schüler (z.B. niedriger Bildungsgrad, schwierige soziale Verhältnisse, verwahrlosende Erziehung, das jeweilige Bildungssystem …). Der bekannte Medienwissenschaftler Stefan Aufenanger weist in der Auseinandersetzung mit Spitzer darauf hin, dass die Daten der Medienforschung (vgl. media perspektiven) seit Anfang der 1990er Jahre konstante Zeiten für die Mediennutzung von Kindern zwischen sechs und 13 Jahren bei circa 95 Minuten täglich zeigen. Es gäbe keinen Anstieg bei Kindern im Gegensatz zu Erwachsenen und vor allem Senioren! Auch international lägen deutsche Kinder unter dem Durchschnitt. Nur als Vergleich: Der europäische Durchschnitt lag 2001 für alle Kinder zwischen sechs und 13 Jahren bei 152 Minuten, für Deutschland wie schon erwähnt bei 95 Minuten. Und wenn man dann einen Blick auf Süd-Korea wirft, einem der Gewinner der PISA-Studie, dann wird auch hier deutlich, dass eine einfache Korrelation von Fernsehnutzung und Schulleistung nicht herzustellen ist. Die koreanischen Kinder schauen im Durchschnitt 148 Minuten pro Tag fern, besitzen häufig einen eigenen Fernsehapparat und weltweit die meisten Videokonsolen. Mit in die Diskussion einzubeziehen wäre also auch das deutsche Schulsystem im Vergleich zu den nordischen Ländern.

Es ist bekannt, dass vor allem Kinder von armen Eltern vor dem Fernseher sitzen, dort Süßigkeiten verschlingen und sich so von ihrer misslichen Situation ablenken (siehe Themenabend: „Arme Kinder" in arte vom 10. Januar 2006; Dossier unter www.arte.tv.com.de).

Fernsehen macht gewalttätig: Die von Spitzer genannten Studien berücksichtigen nicht die Verkettung der vielen Faktoren, die bei Kindern und Jugendlichen zur Ausübung von Gewalt führen. Zum Beispiel, welche realen Erfahrungen sie mit Gewalt haben („mein Vater schlägt mich!"). Welche Bedürfnisse sie mit dem Fernsehen befriedigen wollen? Auf welcher moralischen Entwicklungsstufe die Kinder stehen? Und wie sieht deren aktuelle Situation aus (Scheidung, Außenseiter, Tod eines Elternteils ...)? (siehe auch **M 5**)

Fazit: Nicht Fernsehen macht dick, dumm und gewalttätig – sondern Armut und das deutsche Schulsystem!

M 4: *Andrea Tempke: Die Flut der Bilder. Glotze aus? Kinder, die zu viel fernsehen, werden dick und krank, dumm und gewalttätig, sagen immer mehr Kritiker. Interview mit Jan-Uwe Rogge*

Publik Forum. Der Stern titelt „Glotze aus", die FAZ schreibt „Fernsehen macht dumm", und ein aktuelles Buch warnt „Achtung Bildschirm!": Wie gefährlich ist Fernsehen?

Jan-Uwe Rogge: Wissen Sie, seit wann es solche Diskussionen gibt? Die erste Debatte über Mediensucht hatten wir 1778. Der berühmte Pädagoge Johann Heinrich Campe, der in Deutschland die Volksschule eingeführt hat, hat Romane als literarische Bordelle bezeichnet und Eltern dringend davor gewarnt, Kinder Bücher lesen zu lassen. Das Einzige, was er akzeptierte, waren die Bibel und natürlich seine Schulbücher! Zwischen 1860 und 1880 hatten wir eine Suchtdebatte über Zeitschriften, und zwischen 1911 und 1925 gab es eine Debatte über Kinosucht – man wollte sogar Kinofilme verbieten.

Publik Forum: Also finden Sie solche Warnungen lächerlich?

Rogge: Ich will das nicht lächerlich machen, aber was mich wirklich wundert, ist diese Medien- und nicht Menschen-zentrierte Sichtweise. Wenn wir über Medien reden, müssen wir den Menschen in den Mittelpunkt stellen. Gerade wenn man die kommunikative Leere in manchen Familien sieht, stellt sich doch die Frage, wie man diesen Familien helfen kann.

Publik Forum: Nun schreibt ja vermutlich der Hirnforscher Spitzer seine Bücher auch, weil er sich Sorgen macht ...

Rogge: … gerade dann sollte er manche populistische These so nicht schreiben. Ich schätze Spitzers Veröffentlichungen zur Hirnforschung, aber in seinem Fernsehbuch bleibt er oberflächlich. Mich wundert bei dieser Debatte immer, dass wir nicht genau hinschauen, wo die wirklichen Gefahren sind. Es ist doch bekannt, dass Kinder und Jugendliche mit einem geringen Selbstwertgefühl die Medien zur Kompensation ihrer unbefriedigenden Lebensweise benutzen. Wer Kinder vor Gefahren der Medien „schützen" will, sollte sie also stark machen, denn starke Kinder sind viel weniger suchtgefährdet.

Publik Forum: Ihr Buch „Kinder können Fernsehen" wollte der Verlag ursprünglich „Fernsehen, aber richtig" nennen. Sagen Sie uns, wie „richtiges" Fernsehen geht?

Rogge: Nein, ich habe keine Lust, es Ihnen so einfach zu machen. Mein Ansatz ist es, die Eltern ernst zu nehmen und nicht als Guru aufzutreten …

Publik Forum: … als der Sie aber mittlerweile gesehen werden …

Rogge: … aber ich verweigere mich dem! Ich sage eben nicht: drei Sendungen am Tag oder 35 Minuten am Tag. Das ist mir viel zu vordergründig. Es gibt so einen Machbarkeitswahn – als ob Erziehung funktioniert wie Autos reparieren oder Suppe kochen. Erziehung ist keine Technik, sondern eine Haltung. Pestalozzi hat einmal gesagt: Erziehung ist Vorbild und Liebe. Das heißt, als Vater oder Mutter muss ich meine Haltung – etwa in Bezug auf das Fernsehen – vorleben. Nicht indem ich ständig etwas sage, sondern indem ich etwas tue, kann ich Kindern ein Modell vermitteln. Wenn also Kinder ihre Sendungen bewusst auswählen sollen, dann erwarte ich das zunächst von den Eltern. Oder wenn von Kindern erwartet wird, dass sie am Schluss der Sendung den Fernseher ausschalten, dann erwarte ich das auch von den Eltern. Wenn die Kinder abends ins Wohnzimmer kommen und die Eltern glotzen, leben die ein anderes Modell vor, als sie sagen.

Publik Forum: Es gibt also kein Patentrezept?

Rogge: Ich kann keinem Vater, keiner Mutter eine Entscheidung abnehmen. Jede Familie muss ihren Weg finden und für sich herausfinden, wie sie ihre Verantwortung wahrnehmen will. Bis zum siebten oder achten Lebensjahr haben die Eltern eine noch viel größere Verantwortung als später, wenn die Kinder in der Pubertät sind. Je älter die Kinder werden, desto mehr muss ich loslassen, damit die Kinder selbst verantwortlich werden. Eine wichtige Frage ist auch, welche Motivation hinter der Zuwendung zu Medien steht. Das heißt, als Vater oder Mutter muss ich beobachten, ob der Wunsch nach Unterhaltung und Ablenkung dahintersteckt oder ob das eine Flucht vor die Glotze ist. Auch da sind die Eltern gefordert. Eine weitere Frage ist: Wie sind die Medien eingebunden in den Tagesablauf? Orientiere ich mich am Fernsehprogramm, oder sind andere Momente wichtig? Wie sieht es in meiner Wohnung aus – gibt es dort eine räumliche Trennung zwischen medialer und personaler Kommunikation? Wenn ich in ein Haus komme, kann ich anhand des Standorts sofort sehen, welche Funktion der Fernsehapparat in dieser Familie hat.

Publik Forum: Sie haben Familien untersucht, die ganz ohne Fernseher leben. Ist das die einfachste Lösung?

Rogge: Manche glauben tatsächlich, Kinder, die ohne Fernsehen aufwachsen, hätten hinterher automatisch ein tolles Leben, aber das ist kompletter Unsinn! Die Frage ist wieder, welche Haltung dahintersteckt – will ich Erziehungsverantwortung übernehmen oder Macht ausüben? Wenn Eltern beschließen, für eine bestimmte Zeit auf den Fernseher zu verzichten, weil sie ohnehin wenig Zeit zu Hause verbringen, dann ist das völlig okay. Ein Vater sagte mir, er könne für sich selber keine Grenzen setzen, und deshalb gäbe es bei ihm keinen Fernseher im Haus. Auch das ist eine Haltung, aber die kann ich nicht verallgemeinern. Es gibt keine Entscheidung, die nur gut ist. Wenn ich ohne Fernsehapparat leben will, kann das dazu führen, dass die Kinder in einen Machtkampf eintreten, wenn sie älter werden. Und wenn ich zum Fernsehen stehe, habe ich andere Schwierigkeiten: Dann muss ich Grenzen setzen, Regeln formulieren.

Publik Forum: Welche Möglichkeiten haben Lehrer, den Medienkonsum ihrer Schüler einzudämmen? Appelle an die Kinder, weniger fernzusehen, bleiben ja meist wirkungslos.

Rogge: Wenn ich als Lehrer etwas über Begrenzungen sagen wollte, würde ich das den Eltern und nicht den Kindern sagen. Das geht auch nicht auf einem Elternabend, sondern nur im Einzelgespräch. Ich muss genau hinhören und mich auf das, was die Eltern sagen, erst einmal verstehend einlassen. Erst wenn der andere das Gefühl hat, dass ich ihn verstanden habe, kann ich etwas erreichen. Vorher geht das überhaupt nicht. Ich habe viele Gespräche zwischen Lehrern und Eltern und zwischen Erzieherinnen und Eltern gefilmt und dabei festgestellt, dass die Gespräche am verklemmtesten waren, wenn es um Konsum ging. Da hat schon die Körperhaltung „Belehrung" signalisiert. Kommunikation ist viel mehr als nur Inhalt, aber das wird bei dem Thema Medienkonsum überhaupt nicht beachtet.

Publik Forum: Häufig wird – auch im Zusammenhang mit Medienerziehung – ein Elternführerschein gefordert. Was halten Sie davon?

Rogge: Das ist gut gemeint, aber widerspricht der Grundintention von Beratung als Begleitung für einen bestimmten Zeitraum. Wenn ein Kind erst ein Jahr alt ist, haben die Eltern ganz andere Fragen, als wenn es vier ist. Und wenn es vier ist, brauche ich den Eltern noch nichts über Videospiele zu vermitteln. Wichtig wäre es, die Eltern in der Entwicklung ihrer Kinder kontinuierlich zu begleiten. In einigen Bundesländern in Österreich gibt es beispielsweise einen Familienpass, in dem Eltern sich Kurse abstempeln lassen können. Wenn sie zehn Kurse besucht haben, bekommen sie dafür Vergünstigungen wie etwa verbilligten Eintritt. Aber solche Eltern begleitende Modelle gibt es in Deutschland nur partiell, obwohl ständig von Familienpolitik getönt wird. Doch das sind die Wege, die wir gehen sollten: Eltern stärken, Eltern annehmen, Eltern begleiten.

Aus: Publik Forum Nr. 22-2005

M 5: *Ausführlich diskutiert in: Anton Brehm: Medienpädagogik und Medienpraxis für soziale Berufe. Bd. 1. Kapitel 2.5: Wirkung von Medien: Beispiel „Gewalt". Lambertus-Verlag, Freiburg 2004, S. 74-79*

M 6: *„Zehn Goldene Regeln" zur Fernseherziehung*

In vielen Kinderzimmern steht er bereits, der Fernseher. Kleinere Kinder sind fasziniert von den bunten Bildern. Die älteren suchen Action, Liebesdramen und Sendungen, in denen Wissen vermittelt wird. Wie Eltern den Fernsehkonsum steuern und mit ihren Kinder darüber reden können? Zehn goldene Fernsehregeln können Ihnen helfen:

1. Regeln vereinbaren

Vereinbaren Sie mit Ihren Kindern klare Regeln, wann, wie lange und was sie im Fernsehen gucken dürfen und achten Sie auf die Einhaltung der Vereinbarung. Schon aus diesem Grund gehört ein Fernseher nicht ins Kinderzimmer, denn dann ist Kontrolle kaum noch möglich.

2. Gemeinsam fernsehen

Der Fernseher eignet sich nicht als Babysitter. Schauen Sie, sooft es geht, gemeinsam mit Ihrem Kind fern. Vor allem Vorschul- und Grundschulkinder benötigen unsere Begleitung. Bekannte Formate und Videos, von denen Sie wissen, dass sie gut zu verkraften sind, können die Kinder gelegentlich auch allein ansehen.

3. Über Erlebnisse sprechen

Achten sie auf die Signale Ihres Kindes beim Fernsehen und gehen Sie darauf ein. Und seien Sie nicht irritiert, wenn Ihr Kind beim Fernsehen spricht oder im Zimmer herumläuft. Damit verarbeitet es die Fernseherlebnisse.

4. Fernsehen ist kein Druckmittel

Das Fernsehen sollte nicht als Mittel für Belohnung und Strafe eingesetzt werden. Dem Medium wird dabei eine Bedeutung verliehen, die mit dem eigentlichen Grund der Bestrafung (z.B. das Zimmer wurde nicht aufgeräumt) nichts zu tun hat und das Interesse am Fernsehen wird durch das Verbot noch gesteigert.

5. Kritische Nutzung

Versuchen Sie, Ihre Kinder dabei zu unterstützen, das Fernsehen selbständig und kritisch zu nutzen. Helfen Sie ihnen, Werbung und Programme klar voneinander zu trennen. Sie sollten mit ihnen auch über Gewaltdarstellungen sprechen.

6. Den Tagesablauf nicht diktieren zu lassen

Lassen Sie sich Ihren Tagesablauf nicht von der „Flimmerkiste" diktieren. Möchten Sie oder Ihre Kinder gar nicht auf eine Sendung verzichten, gibt es ja noch den Video- oder DVD-Rekorder. Es besteht kein Grund, alles stehen- und liegen zu lassen

7. Vorbildfunktion

Überdenken Sie, als Vorbild für Ihre Kinder, Ihr eigenes Fernsehverhalten. Zappen Sie oberflächlich oder wählen Sie Programme bewusst aus? Lassen Sie den Fernseher oft nebenbei laufen? Besser ist es, den Fernseher zu einer bestimmten Sendung einzuschalten und danach wieder abzuschalten.

8. Erfahrungsaustausch

Ihr Einfluss auf Ihr Kind verändert sich mit zunehmendem Alter. Kinder orientieren sich verstärkt an Freundinnen, Freunden und anderen Gleichaltrigen, mit denen sie ihre Zeit verbringen. Tauschen Sie sich deshalb auch mit anderen Eltern über Themen aus wie beispielsweise Fernsehkonsum, TV-Werbung oder Gewaltdarstellungen aus.

9. Kein schlechtes Gewissen

Kinder brauchen das Fernsehen genauso wie die Erwachsenen: um sich zu informieren und zu lernen, um abzuschalten, um sich unterhalten zu lassen, um eine eigene Phantasiewelt zu entwickeln. Haben Sie kein schlechtes Gewissen, wenn Ihr Kind nicht nur „pädagogisch wertvolle" Sendungen guckt. Oder dass es überhaupt fernsieht, anstatt mit andern Kindern „sinnvoll" zu spielen.

10. Auch mal abschalten

Achten Sie darauf, dass Sie und Ihr Kind auch noch Zeit für Spiele, Sport sowie Freundinnen und Freunden haben. Fernsehen sollte auf keinen Fall die einzige gemeinsame Tätigkeit Ihrer Familie sein. Und umgekehrt sollte einem Kind das Fernsehen nicht grundsätzlich verboten werden. Es muss lernen, sich in einer Welt zurechtzufinden, die sehr stark durch Medien bestimmt ist. Finden Sie das richtige Mittelmaß. Verteufeln Sie das Fernsehen nicht, aber beobachten Sie auf jeden Fall, was sich Ihr Kind anschaut.

Quelle: www.schau-hin.info

M 7: *Konsumaltar*

Literatur

Karikatur: Johannes Mertens

Dietmar Böhm: Lesen, klicken, lauschen. Mit Kindern Medien entdecken. Herder, Freiburg 2005

Jan-Uwe Rogge: Kinder können fernsehen. Vom Umgang mit der Flimmerkiste. Rowohlt Taschenbuch, 2. Auflage 2001

www. flimmo.de
Artikel: Zwischen falschen Leitbildern und echter Lebenshilfe – Das Fernsehen als Orientierungshilfe für Kinder.

www.mediaculture-online.de/Vorsicht Bildschirm
Kritische Anmerkungen zu „Vorsicht Bildschirm".

www.schau-hin.info
Praktische Orientierungshilfe für Eltern und Kinder zur Mediennutzung; Hrsg.: Bundesfamilienministerium. Sehr empfehlenswerte Web-Seite.

„Kinder finden's prima!" – Qualitäts-kriterien für einen guten Kinderfilm

Elternabend im Kindergarten oder in der Grundschule

Vorbemerkungen

* Die Erzieher oder Lehrer werden vor dem Elternabend ge-beten, ihre Kinder die Fernsehfigur malen zu lassen, die sie besonders lieben (keine Namen der Kinder aufschreiben; auf der Rückseite des Blattes nur Alter und Geschlecht des Kindes notieren).

* Einen Stuhlkreis um eine gestaltete Mitte vorbereiten: Zum Beispiel einen kleinen Fernsehapparat, Spielfiguren aus Fern-sehsendungen und/oder Bildkarten (Logos) der von den Kin-dern gemalten Kindersendungen aufstellen; die Logos der je-weiligen Sendungen können im Internet gefunden werden ...

1. Einstieg

* *Die Teilnehmer werden aufgefordert, sich eine Figur oder ein Bild einer Fernsehsendung, die/das sie besonders anspricht, aus dem Kreis zu holen. Mit diesem Symbol stellen sie sich vor (Name, wie viele Kinder? Alter der Kinder; was für Sendungen bevorzugen ihre Kinder?).*

* *Jetzt zeigt der Referent nacheinander die Kinderzeichnungen (sie-he Vorbemerkung) und erklärt kurz den Inhalt der jeweiligen Sen-dung (Kurzfassung aus FLIMMO; M 1). Einteilung in: „Kinder finden's prima; mit Ecken und Kanten; für Kinder schwer verdau-lich".*

38

2. Hauptteil

* *Impuls:* Was macht einen Film zu einem guten Kinderfilm? – Kriterien für die Qualität im Kinderfilm. **(M 2)**

* *Übertragung:* Der Referent zeigt einen Ausschnitt aus der von den Kindern am meisten genannten Fernsehsendung. Die Teilnehmer werden aufgefordert, diesen Film nach o.a. Kriterien zu beurteilen.

---

3. Schluss

Der Referent zeigt einen pädagogisch wertvollen Kinderfilm, zum Beispiel „Tunnel" oder „Rinnsteinpiraten". **(M 3)**

Materialien

M 1: *FLIMMO – Programmberatung für Eltern. Bayerische Landeszentrale für neue Medien – BLM – (Hrsg.). www.flimmode; herausgeber@flimmo.tv*

M 2: *Kriterien für die Qualität im Kinderfilm*

(a) Gute Kinderfilme erzählen Geschichten, die an die Entwicklungsthemen von Kindern anknüpfen

Kleinsein und Großwerden

Für Kinder gliedert sich die Welt in Kleine und Große, Zwerge und Riesen, Mächtige und Ohnmächtige. Damit will das Kind seine eigene Kleinheit überwinden und schnell groß werden.

Gerechtigkeit und Moral

Kinder setzen sich in ihrer Entwicklung mit Fragen nach Moral, Regeln und Gerechtigkeit auseinander. Das „Gut-Böse-Schema" in den Geschichten hilft ihnen dabei.

Alleinsein oder Trennung

Die Angst, verlassen zu werden oder allein zu sein ist für Kinder ein wichtiges Thema. Streit der Eltern oder deren Scheidung stürzt sie in Ohnmachtsgefühle. Sie glauben, sie seien schuld. Gute Kinderfilme thematisieren diese Erfahrung, zum Beispiel „König der Löwen" oder „Hänsel und Gretel".

Geschlechtlichkeit

Fragen nach der eigenen Geschlechtlichkeit und den damit zusammenhängenden Erwartungen, Verhaltensweisen und Äußerlichkeiten sind für Kinder schon im Vorschulalter wichtige Fragen. Welche Vorbilder werden ihnen in den Filmen geboten? Typische Geschlechterrollenstereotype oder Hilfe auf der Suche nach der eigenen Geschlechterrollenidentität?

Tod und Sterben

Kinder werden nicht nur im Fernsehen mit Tod und Sterben konfrontiert, sondern auch im Alltag (z.b. mein Vogel ist gestorben, meine Katze überfahren worden ...). Wie erklärt der Film ihre Fragen?

Soziale Ängste

Kinder müssen sich in ihrer Entwicklung nach und nach von ihren Eltern lösen und eine eigene Identität aufbauen. Diese Erfahrung löst bei ihnen Ängste aus, wenn sie nicht weiter Geborgenheit und Liebe erfahren. Manche Filme helfen ihnen bei diesem Prozess, zum Beispiel Pumuckel, Pipi Langstrumpf, Ronja Räubertochter ...

Beziehungen

Mit zunehmendem Alter wird die Beziehung zu den Eltern mit Beziehungen zu anderen Kindern und Erwachsenen erweitert. Die Kinder wollen zu einer Gruppe („Clique") gehören und so akzeptiert werden, wie sie sind. Greifen Filme dieses Thema auf und wie wird es dargestellt?

(b) Gute Kindersendungen erzählen Geschichten, die von ihrer Struktur her märchenähnlich sind

Eindimensionalität

Im Märchen gibt es nur „eine Welt". Diesseits und Jenseits sind nicht getrennt. Es gibt Hexen, Feen und andere Fabelwesen. Tiere können sprechen. Das Übernatürliche ist Realität.

Flächenhaftigkeit

Das Märchen ist an keinen genauen Ort oder an eine Zeit gebunden. Raum und Zeit spielen keine Rolle. Naturgesetze sind aufgehoben, zum Beispiel „hundertjähriger Schlaf".

Formelhaftigkeit

Eingangsformeln („Es war einmal ..."), Schlussformeln („Und wenn sie nicht gestorben sind ...") und Verse („Der Wind, der Wind, das himmlische Kind") prägen das Märchen. Diese Formeln führen das Kind in eine andere Realität hinein und holen es auch wieder heraus. Das gibt dem Kind Sicherheit und Vertrauen.

Polarität

Im Märchen herrscht das „Schwarz-Weiß-Denken". Es gibt Gute und Böse, Hässliche und Schöne, Arme und Reiche, Faule und Fleißige – dazwischen aber nichts. Das hilft dem Kind, ein klares Urteil aufzubauen.

Achtergewicht

Das Märchen hat eine Sympathie für die Kleinen, Schwachen, Zukurzgekommenen, Dummen, Armen, Nutzlosen ... Das entspricht der Lebenssituation des Kindes. Wenn die Märchenhelden aus eigener Kraft und mit hilfreichen Geistern die Prüfungen bewältigt, kommen sie ans Ziel ihrer „Reifeentwicklung" (Hochzeit, Prinz, Prinzessin ...). Das gibt den Kindern Mut und Vertrauen, denn sie sind auch auch die Kleinen und Schwachen gegenüber den Erwachsenen.

Eine ausführliche Darstellung dieser Kriterien findet sich in Norbert Neuß: Ein gutes Fernsehen ein Ergebnis des Produzenten oder des Zuschauers? In: TELEVIZION, Heft 18/2005/2, S. 66ff. Hrsg.: Internationales Zentralinstitut für das Jugend- und Bildungsfernsehen (IZI) beim Bayerischen Rundfunk (Adressen s.u.)

M 3: *Kurzfilme*

Tunnel (7 Min., f., Trickfilm)

Eine Musikkapelle aus lauter Tieren macht eine fröhliche Eisenbahnfahrt. Doch bei jeder Tunneldurchfahrt werden die Tiere ganz schwarz. Alle Versuche, dem Schmutz zu entgehen, scheitern. Doch da hat der Elefant eine geniale Idee. Er sorgt für einen Regenbogen, auf dem sie nun ihre Reise fortsetzen können.
Ausleih-Nummern beim Ökumenischen Medienladen Stuttgart: KF 153; VC 291; DVS 179; VS 2473.

Rinnsteinpiraten (11 Min., f., Real- und Trickfilm)

Ein Junge faltet sich ein Papierschiffchen und lässt es im Rinnstein „in See stechen". Als es mächtig zu regnen beginnt, rennt er ins Haus, und das Schiffchen und seine Besatzung – drei winzige Rinnsteinpiraten – gehen auf große Fahrt. Dabei haben sie allerlei Abenteuer zu bestehen. Der von Menschen achtlos auf die Straße geworfene Abfall und der Verkehr bringen das Fahrzeug in teilweise gefährliche Situationen. Die Reise scheint zu Ende zu sein, als ein Abfluss droht, doch ein kleiner Junge bastelt aus dem aufgelösten Stück Papier einen Flieger. Aus den Rinnsteinpiraten werden winzige Piloten.
Ausleih-Nummern beim Ökumenischen Medienladen Stuttgart: KF 227; VC 814. Telefon: 0711/22276 bis -70; Fax 0711/22276-71; E-Mail: info@oekumenischer-medienladen.de; www.oekumenischer-medienladen.de.

Literatur

FLIMMO – Fernsehen mit Kinderaugen (Hrsg.): Zwischen falschen Leitbildern und echter Lebenshilfe – Das Fernsehen als Orientierungsquelle für Kinder. In: www.flimmo.tv (Druckartikel)

TELEVIZION Heft 18/2005/2: „Also, wenn's richtig gut ist – also *richtig* gut." Was ist Qualität im Kinderfernsehen? Hrsg.: Internationales Zentralinstitut für Jugend- und Bildungsfernsehen (IZI) beim Bayerischen Rundfunk. E-Mail: IZI@brnet.de; Internet: www.izi.de. Telefon: 089/5900-2991; Fax: 089/5900-2379 (kostenlos erhältlich)

„Kauf mir das! – Werbespots im Fernsehen und ihre Beeinflussung auf Kinder

Elternabend im Kindergarten oder in der Grundschule

Vorbemerkungen

- Die Erzieher oder Lehrer werden vor dem Elternabend gebeten, ihre Kinder ein Bild malen zu lassen zum Thema: „Welche Fernsehfigur in der Werbung gefällt mir besonders?" Oder: „Mein liebster Werbefilm". „Vor/nach welchem Film im Fernsehen (Programm) habe ich sie/ihn gesehen?" (Anonym auf der Rückseite des Bildes Alter und Geschlecht des Kindes und die Werbefigur vermerken und die Antworten der Kinder auf die o.a. Fragen.)

- Die Erzieher oder Lehrer teilen dem Referenten vor dem Elternabend die von den Kindern am häufigsten genannte Werbefigur mit.

- Einen Stuhlkreis um eine gestaltete Mitte vorbereiten: Zum Beispiel einen Einkaufswagen voll mit von Kindern bevorzugten Produkten (Süßigkeiten, Spielfiguren aus dem Fernsehen …).

1. Einstieg

- *Der Referent zeigt die Kinderzeichnungen (siehe Vorbemerkungen) und fragt die Teilnehmer, welche der gezeichneten Werbefiguren sie kennen; eventuell Ergänzungen durch den Referenten. Der von den Kindern am meisten genannte Werbespot wird gezeigt (vorherige Aufnahme).*

* *Kurze Analyse des Werbespots (Inhalt; Personen; wieso spricht dieser Spot Kinder an? Welche werbepsychologischen Tricks werden angewandt? ...*

2. Hauptteil

* *Impuls:* Wie beeinflussen Werbespots Kinder? **(M 1, M 2, M 3)**
* *Diskussion:* (Fragen, Anmerkungen, Ergänzungen ...).
* *Impuls:* Wie kann ich mit den Konsumwünschen meiner Kinder umgehen? **(M 4)**
* *Diskussion:* (Fragen, Anmerkungen, Ergänzungen ...).

---

3. Schluss

Lied: „Die Wohlstandsmaschine hat uns überrollt". **(M 5)**

Materialien

M 1: *„Das will ich auch haben!"* – *Kinder und Werbung*

Die meisten Kinder mögen Werbung gern, besonders dann, wenn ihnen das angepriesene Produkt gefällt und es sich um Waren handelt, für die sie sich interessieren. Bei Kindern sind dies vor allem Spielzeuge aller Art, Süßigkeiten und „angesagte" Kleidung. Eingängige „Sprüche" und „Lieder", die mitgesungen werden können, verbunden mit einer spritzigen Mischung aus Witz und Orginalität, machen die Faszination von Werbespots aus. Werbung gehört zu unserem Wirtschaftssystem und ist Teil unserer Alltagswelt. Da wir sie nicht abschaffen oder verbieten können, müssen Kinder lernen, sich in der bunten und verlockenden Warenwelt zurechtzufinden.
Klar ist, Werbung soll uns zum Kauf animieren und ohne Zweifel sind Kinder für die Werbebranche eine wichtige Konsumentengruppe.

Schließlich verfügen Kinder im Grundschulalter über eigenes Taschengeld oder haben sogar ein kleines Bankkonto. Sieben- bis zwölfjährige Kinder verfügen in Deutschland pro Jahr etwa über eine halbe Milliarde Euro Taschengeld! Die Konsumwünsche der Kinder können durchaus beeinflusst werden, denn für Kinder ist das Verhalten ihrer Eltern ein wichtiges Modell. Wenn Erwachsene sich bei ihren Einkäufen von der Fernsehwerbung leiten lassen, wollen das ihre Kinder ebenso. Es ist nicht ungewöhnlich, wenn Kinder etwas verlangen, weil „die anderen" darüber verfügen. Das sollte man verstehen und auch manchmal diesem Zugehörigkeitsbedürfnis nachgeben. Aber natürlich kann man seinen Kindern nicht alle Wünsche erfüllen.

Werbung lebt von verheißungsvollen Versprechungen, die durch plakative Botschaften untermalt werden. Mit dem „richtigen" Müsliriegel wird man unbesiegbar und von anderen Kindern bewundert. Spielzeugflugzeuge können fliegen und Puppen führen ein eigenständiges Leben, was mit den tatsächlichen Spielmöglichkeiten nur noch wenig zu tun hat. Wir sollten den Kindern nicht den Spaß an den fantastischen Geschichten der Werbewelt nehmen. Dennoch ist es wichtig, sie zu kritischen und „werbekompetenten" Konsumenten zu erziehen.

Die Übertreibungen und Vereinfachungen der Werbewelt zeigen sich auch in der oftmals stereotypen Darstellung der Geschlechterrollen. Werbespots, die sich an Mädchen richten, sind meist in „softe Farbe" getaucht, langsam geschnitten und mit einschmeichelnder Musik untermalt. Die Werbung für Jungen-Produkte ist kontrastreicher getönt, und schnelle Schnitte erzeugen eine besondere Dynamik. Die angepriesenen Mädchenspielzeuge weisen zumeist häusliche oder soziale Bezüge auf, wohingegen sich Jungenspielzeuge auf eine zukünftige Berufswelt oder ein abenteuerliches Agieren beziehen. Durch eindimensionale Darstellungen werden die Jungen und Mädchen auf einheitliche (Spiel-)Verhaltensmuster festgelegt. Eine zu starre Festlegung ist aber aus sozialisatorischer Sicht bedenklich, da Kinder in ihrer Persönlichkeitsentwicklung eingeschränkt werden. Auch in Kinderbüchern, auf Hörspielkassetten oder auch im Alltagsleben finden sich fragwürdige starre Rollenzuschreibungen, die der Gleichstellung der Geschlechter entgegenlaufen.

Während beim KI.KA und beim Kinderprogramm der öffentlichrechtlichen Sender keine Werbespots eingeblendet werden, verstehen es die Privatsender gut, die Konsumfreude ihrer Zuschauer anzuregen. Generell darf Kinderfernsehen zwar nicht von Werbung unterbrochen werden, doch findige Werbestrategen haben eine viel effektivere Methode entwickelt, die jungen Zuschauer zum Kaufen zu animieren. Merchandising-Artikel werden kurzerhand vor oder nach einer Sendung angepriesen und in eine kurze, spannende Geschichte verpackt. Ohne lästige Unterbrechung während der Sendung hat das Spielzeug ohnehin die besseren Chancen, bei Kindern anzukommen. Ganz gezielt wird auf diese Weise Produktwerbung für bestimmte Altersstufen betrieben – von der Plüschtigerente bis zum Computerspiel wird die ganze Angebotspalette beworben. Bei solch ausgeklügelter Vermarktung wundert es kaum, dass die Neugier der Kinder auf das entsprechende Spielzeug geweckt wird. Besonders, wenn dieses mit den Stars der eigenen Lieblingssendung zu tun hat und obendrein auch noch auf den Internetseiten der Sender beworben wird.

Aus: Roland Kohm/Anton Brehm u.a.: Medienpädagogik und Medienpraxis für soziale Berufe. Bd. 2. Lambertus-Verlag, Freiburg 2005, S. 50f.

M 2: *Kinderglaube an die lila Kuh*

„Für jedes dritte Kind selbst aus ländlichen Gebieten Deutschlands sind Kühe lila. Das berichtete am Donnerstag das in Münster erscheinende ‚Landwirtschaftliche Wochenblatt' unter Berufung auf eine Malaktion in Bayern. Dort waren 40.000 Bauernhof-Poster an Kindergärten verteilt worden. Auf einem Drittel der eingeschickten Bilder waren die Kühe lila ausgemalt. Westfalens Landwirte werten dieses Phänomen als Hinweis darauf, ‚dass die Scheinwelt' der Werbung ‚und die Wirklichkeit in den Köpfen von Kindern immer mehr verwechselt werden'. Der Bayerische Bauernverband sieht hierin ein Indiz dafür, dass die Realität selbst auf dem Lande in der kindlichen Phantasie von den Medien ‚überlagert wird'."

Aus: „Schwäbische Zeitung" vom 21. April 1995

M 3: *Schon die Kleinsten gezielt zu Käufern aufgebaut*

Werbespots rangieren bei Drei- bis Sechsjährigen auf Platz zwei der Beliebtheitsskala

„Werbung bedeutet für viele Kinder keine unliebsame Unterbrechung, sondern sie gehört fest zum Fernsehprogramm. Die bunten Bilder und grellen Spots rangieren bei den Drei- bis Sechsjährigen auf Platz zwei der Beliebtheitsskala von Sendungen. Die Kinder erkennen oft gar nicht, dass es allein um das Anpreisen und den Verkauf von Produkten geht. Sie missverstehen Werbung leicht als Freundschaftsangebot. Längst steht für die Werbestrategen nicht mehr der einzelne Spot im Vordergrund, sondern der Einfluss auf die Lebenswelt der Kinder und Jugendlichen.

Firmen spannen für ihre Werbekampagnen immer häufiger Personen oder Figuren ein, die die Kinder kennen und lieben. So verknüpfen die Hersteller ihre Waren fest mit bestehenden Kinder- und Jugendkulturen und werden Teil von ihnen, stellen Bielefelder Medienpädagogen fest. ,Der jeweilige Werbespot dient eher als Auftakt einer Beziehung, die dann die eigentliche Wirkung entfaltet', heißt es in ihrer Studie *Kinder und Werbung*, die sie im Auftrag des Bundesministeriums für Frauen und Jugend erarbeitet haben. Bestimmte Marken präsentieren auch schon für Kinder Lebensstile und nehmen Einfluss auf Einstellungen und Weltsicht. Wer ,in' sein und zu einer bestimmten Clique gehören will, muss eben Turnschuhe von Nike und Reebok kaufen, Kleider von Benetton tragen und einen Walkman (heute: Handy; d.V.) besitzen.

Bisher konnten die Wissenschaftler keinen direkten Zusammenhang zwischen Werbung und seelischen Schäden bei Kindern nachweisen. Das dürfe aber nicht den Blick auf andere Probleme verstellen, meinen die Bielefelder Forscher. Und die sehen sie vor allem darin, dass Einsichten und Verhaltensweisen, die die Werbung propagiert, von Kindern übernommen werden. Wie Kinder sie allerdings verarbeiten und sich aneignen, hänge von ihrer gesamten Lebenssituation ab.

Professor Dieter Baake und sein Team regen an, anstelle direkter Einflüsse bestimmter Spots auf einzelne Kinder und Jugendliche zu untersuchen, wie zum Beispiel Trends zum Missbrauch von Medikamenten und Genussmitteln mit Werbetrends zusammenhängen. Zwar gehen die meisten Kinder – vor allem aus besser gestellten, gebildeten Elternhäusern – locker und unabhängig, sogar kreativ mit Reklame um. Aber die Medienpädagogen beobachten auch, dass Werbung Kinder in Träume und Wunschwelten entführt und zum Kaufen verführt. Schon die Kleinsten werden gezielt zu Käufern aufgebaut. Reklame für Spielzeug aus Kindersendungen, Aufkleber und Comics – am besten gleich nach der Sendung – soll ihre Wirkung nicht verfehlen. Wie die bunte Botschaft via Mattscheibe letztlich bei Kindern ankommt und ihre Einschätzung prägt, hängt entscheidend vom Verhalten der Eltern, besonders der Mütter, ab. Sie sind das Vorbild für den Umgang mit Fernsehen und Werbung.

Das Werbefernsehen trägt nach Ansicht der Forscher dazu bei, dass Kinder nur noch einzelne Ereignisse in der Glotze, etwa Spots, aufmerksam verfolgen. Für länger Szenen oder Sinneinheiten fehle ihnen häufig die Ausdauer. Vielleicht liege darin der Grund, warum Kinder im Kindergarten und in der Schule kaum längere Zeit stillsitzen und sich auf eine Sache konzentrieren können. Hier müsse weiter geforscht werden, so Baake.

Zwar gibt es inzwischen verschärfte Werberichtlinien. Aber der Rundfunkstaatsvertrag lässt weiterhin zu, dass das Kinderprogramm durch Werbung unterbrochen wird, wenn es aus einzelnen, an sich eigenständigen Teilen besteht."

Aus: „Schwäbische Zeitung", Montags-Magazin

M 4: *Wie kann ich mit den Konsumwünschen meiner Kinder umgehen? – Anregungen*

* Die Eltern und/oder Erzieher sollten ihr eigenes Konsumverhalten überdenken. Können sie allen Kaufversuchungen widerstehen? Besser ist es auf jeden Fall, nicht Verzicht zu predigen, sondern zu überlegen, wozu eine Sache gut ist und wozu man sie braucht.

* Eltern und/oder Erzieher sollten nicht immer gleich schwach werden, sondern auch mal „Nein!" sagen und ihre Entscheidung begründen. Wichtig ist, das Selbstbewusstsein und den Eigensinn des Kindes zu stärken. Wenn Kinder nicht lernen, mit diesem „Nein" zu leben, entwickeln sie womöglich eine „Das-will-ich-auch-haben-Mentaltität".

- Mit dem Kind zusammen sollte einmal ein gekauftes Produkt mit den versprochenen Eigenschaften, die im Werbespot gezeigt werden, verglichen werden. Beim Spielzeugkauf sollte nicht in erster Linie darauf geachtet werden, ob es ein Jungen- oder Mädchenspielzeug ist, sondern, ob es den Interessen des Kindes entspricht.

- Eltern und/oder Erzieher sollten bei den anderen Eltern nachfragen und sich ein eigenes Bild verschaffen, ob deren Kinder tatsächlich das begehrte Produkt besitzen („alle haben es?").

- Eltern und/oder Erzieher sollten ihre Kinder fragen, warum sie ausgerechnet dieses Produkt besitzen möchten. Wenn die Kinder nicht wissen, warum sie etwas Bestimmtes wollen, könnte dies ein Hinweis darauf sein, dass sie mit den anderen Kindern gleichziehen möchten (dies wäre angesichts des immensen Konsumdrucks auf Kinder und des schon früh beginnenden Wettstreits unter den Kindern beispielsweise darum, wer etwa die teuersten „Markenklamotten" besitzt, gut nachzuvollziehen). Wenn auffällt, dass das Kind sehr häufig etwas haben will, das andere (angeblich oder tatsächlich) haben, kann man dem Kind die Frage stellen, warum es so wie andere sein will. Es sollte versucht werden herauszufinden, ob das Kind ein Außenseiter ist beziehungsweise zu wenig Freunde hat und sich auf diesem Weg soziale Anerkennung verschaffen möchte. Dem Kind kann deutlich gemacht werden, dass es auch ohne diese Produkte ein wertvoller Mensch ist (Unterstützung des Selbstbewusstseins).

- Das Kind soll Argumente – auch zur Qualität – sammeln und sein Ansinnen nochmal vorbringen. Dies gibt zunächst einmal Aufschub, der gerade im Alltag sehr wichtig sein kann, wenn man das Gefühl hat, von seinen Kindern „überrumpelt" zu werden. Womöglich hat das Kind inzwischen seinen Wunsch vergessen oder es gibt bereits etwas Neues und viel Spannenderes. Kinderwünsche sind oft Eintagsfliegen.

- Kindern kann man nach einiger Zeit verdeutlichen, dass einige Produkte sehr kurzlebig gewesen sind und es besser ist, sich Dinge zu leisten, die mehr Bestand haben. Insbesondere am Beispiel von Merchandising-Produkten kann man dem Kind plastisch darlegen, dass man nicht jedes halbe Jahr seinen Trinkbecher wechseln kann, nur damit dann statt einer „*Diddle-Maus*" ein „*Pokémon*", ein „*Digimon*" oder „*Harry Potter*" diesen ziert. Ebenfalls kann man seinen Kindern die Schnelllebigkeit solcher Konsumprodukte auch dadurch verdeutlichen, indem man ihnen beim gemeinsamen Einkaufsbummel zeigt, dass nach relativ kurzer Zeit bestimmte Merchandisingprodukte zu Billigpreisen „verramscht" werden.

* Die Kinder sollen ihre Wünsche auch mal vom eigenen Geld bezahlen.

* Wenn man einen bestimmten Kaufwunsch nicht unterstützen will, dann sollte man auch die Großeltern darauf verpflichten, sich daran zu halten.

* Die Kinder ermuntern, Spielsachen oder andere Dinge mit Freunden und Freundinnen auszutauschen oder sich gegenseitig zu leihen.

Aus: Roland Kohm/Anton Brehm: Medienpädagogik und Medienpraxis für soziale Berufe. Bd. 2. Lambertus-Verlag, Freiburg 2005, S. 51f.

M 5: *Lied: „Wohlstandsmaschine"*

„Die Wohlstandsmaschine hat uns überrrollt, und was Leben heißt ist noch umstritten. Sind die Wälder verschwunden und das Trinkwasser knapp, dann erst ahnt man, was wirklich passierte:
In den Wolken blieb Schwefel, in den Lungen blieb Teer, in den Herzen blieb Geiz, Neid und Habgier. Doch nach wie vor ist unser Herz ja nicht satt und das Glück ein gefragter Artikel. Wir verzichten nur selten und wenn, dann auf Gott, und nun fehlt uns zum Leben die Mitte.
Die Wohlstandsmaschine hat uns überrollt und wer Liebe sagt, muss das erklären. Wenn erlaubt ist, was Geld bringt, hat der Mensch keine Chance, denn Profit ist ein schlimmer Diktator.
Dem Verstand blieb der Irrtum, jeder Fortschritt sei gut. Und der Seele blieb Leere in Fülle. Doch nach wie vor ist unser Herz ja nicht satt und das Glück ein gefragter Artikel.
Wir verzichten nur selten und wenn, dann auf Gott, und nun fehlt uns zum Leben die Mitte."

Aus: Nach dem Hören kommt das Handeln: CD: Arno & Andreas. Zu beziehen über: Arnos Bauchladen, Hauptstrasse 13, 34379 Calden bei Kassel; Tel.: 05677/134; Telefax: 05677/528; Homepage: www.arno-backhaus. de; E-Mail: bauchladen@arno-backhaus.de

Literatur

FLIMMO: fernsehen mit kinderaugen. Thema: Werbung im Fernsehen – Kinder gucken hin. In: Nr. 1 (Februar bis Mai 2006), S. 4-7. redaktion@flimmo.tv
Werbung will gelernt sein – was Kinder in welchem Alter können. Was nicht erlaubt ist. Raffinierte Strategien und fragwürdige Werbeformen. Das Heft kann von Einrichtungen kostenlos bestellt werden.

Norbert Neuß: Kinder, Werbung und Konsum. Einflüsse erkennen und pädagogisch aufarbeiten. In: Kindergarten heute, Heft 11-12/2003, Herder-Verlag, Freiburg, S. 22-28
Was wissenschaftliche Studien herausgefunden haben. Wie kann der Kindergarten Medienkompetenz fördern? Vorschulkinder im Umgang mit Werbung unterstützen (praktische Beispiele). Mit Eltern reflektieren. Den Kopf in den Sand stecken?

Internet für Kids? – aber sicher!
Sicher surfen im www

Elternabend für Eltern von 6- bis 13-jährigen Kindern

Vorbemerkungen

* Einen Stuhlkreis um eine gestaltete Mitte vorbereiten: Zum Beispiel einen kleinen Fernseher mit Maus hinstellen. Darum herum werden Kinderzeichnungen zum Thema ausgelegt: Welche Seite (Website) im Internet klicke ich öfters an und warum? (Die Kinder der am Elternabend teilnehmenden Eltern werden vorher um diese Zeichnungen gebeten; auf der Rückseite notieren sie: Junge/Mädchen, Alter; warum klicke ich diese Website an.)

1. Einleitung

* *Die Teilnehmer werden gebeten, aus der Mitte eine Zeichnung zu holen und sich damit vorzustellen: Wie viel Kinder habe ich? Mädchen/Junge, Alter? Warum habe ich diese Zeichnung ausgewählt? Welche Fragen habe ich zum heutigen Thema?*
* *Keine Kommentierung der Fragen und Antworten!*

2. Hauptteil

* *Impuls:* Sicher surfen im www: Nutzungsverhalten, pädagogischer Umgang mit dem Netz und Tipps für Kinder. **(M 1)**
  Je nachdem, welche Fragen die Teilnehmer vorbringen, werden Auszüge aus **M 1** vorgetragen. Die Tipps **(M 2)** bekommen die Teilnehmer als Arbeitsblatt.

- *Diskussion:* Fragen, Anregungen, Ergänzungen, andere Meinungen ...

---

3. Schluss

- Auszugsweise Demonstration am PC/Beamer: CD-ROM „Internet für Kids? aber sicher!" **(M 3)** oder
- CD-ROM „Internet ABC-Wissen, wie's geht!" **(M 3)** oder
- Kurzfilm: „Internet. Miese Tricks und tolle Seiten" (VC; 18 Min.) **(M 3)** oder
- „Moralischer Nutzen des PC" von Manfred Rommel (Glosse). **(M 3)**.

Materialien

M 1: *Sicher surfen im www: Nutzungsverhalten, pädagogischer Umgang mit dem Netz und Tipps für Kinder*

Der Medienwissenschaftler Roland Kohm führt zum Nutzungsverhalten und zum pädagogischen Umgang mit dem Netz Folgendes aus:

Angebote des Netzes

Schon im Bereich von Kinderseiten existiert eine Vielzahl unterschiedlicher Angebotsformen, die mit entsprechenden Fachbegriffen bezeichnet werden (Feil 2001).

- *Suchmaschinen* sind Programme, die Seiten daraufhin untersuchen, ob ein eingegebener Suchbegriff darin vorkommt.
- *Portale* und *Verzeichnisse* sind Sammlungen von Links auf andere Seiten.
- *Newsgroups* gestatten das anonyme Einstellen von Redebeiträgen in das Netz, so genannte „schwarze Bretter". Eine Nachricht ist für jeden Interessenten, der auf ein Schwarzes Brett zu einem bestimmten Thema geht, einsehbar. Er selbst kann dort ebenfalls eine Antwort eingeben.

- *Diskussionsforen* funktionieren ähnlich wie Newsgroups. Hier wird zu bestimmten vorgegebenen Themen diskutiert. Meist sind Kinder damit überfordert.

- *Gästebücher* sind Seiten, auf denen man einträgt, ob einem eine Seite gefallen hat oder nicht. Der Eintrag erfolgt meist über ein Formular. Der Betreiber kann Einträge löschen oder kommentieren.

- *Pinnwände* gestatten es, Fragen, Nachrichten oder Verkaufsanzeigen ebenfalls über Formulare zu veröffentlichen. Meist muss eine e-Mail-Adresse angegeben werden, damit ein Interessent antworten kann.

- *Mailingliste:* Kinder können sich auf eine e-Mail-Liste eintragen lassen und abonnieren damit einen Informationsdienst, der an alle Adressen auf der Liste verschickt wird. Bei Diskussionslisten schickt ein Kind an eine zentrale e-Mail-Adresse einen Beitrag. Von dort aus wird das Mail an alle anderen auf der Liste verschickt. Vorteil ist, dass damit das Ursprungsmail moderiert werden kann. Ein Beispiel für eine moderierte Mailingliste ist die „Kinderpost".

- *Newsletter:* Der Betreiber einer Seite schickt eine Mail an Abonnenten. Ein Kontakt zwischen den Empfängern untereinander ist nicht möglich.

- *Banner* sind Werbeflächen, die über oder in einer Seite liegen. Meist sind sie mit einem Link versehen. Damit sie die Aufmerksamkeit auf sich ziehen, sind sie sehr auffällig gestaltet und mit sich bewegenden Bildern oder Texten versehen.

- *Onlineshops:* Hier können Kinder etwas kaufen. Oftmals führen Banner in solche Shops.

- *Popups* sind Werbeseiten, die sich selbstständig aufbauen, wenn man auf eine Seite gelangen will. Man muss sie erst „wegklicken", um zum eigentlichen Inhalt zu kommen. Damit dies nicht so leicht geschieht, öffnet sich zum Beispiel beim Wegklicken ein anderes Popup.

- *Links* sind Verweise auf andere Internetseiten beziehungsweise Seiten innerhalb des gleichen Anbieters.

* *Spiele* können über das Internet gespielt werden. In der MSN Gaming Zone sind regelmäßig Tausende von Spielern online, um Spiele wie Schach oder Backgammon zu spielen. Ein berüchtigtes Spiel ist Counter Strike, ein Schießspiel, das von den Spielern selbst entwickelt wurde. Manche Spiele auf CD-ROM erlauben ebenfalls ein Spielen über das Internet mit mehreren Spielepartnern (Multiplayer-Modus beziehungsweise Mehrspielerfunktion).

Der Chat

Chats sind bei Jugendlichen sehr begehrt, Kinder hingegen kommen nicht so gut damit zurecht. Durch ein spezielles Chatprogramm können alle, die auf einer Chat-Webseite sind, online in Form von Texten kommunizieren. Die eingegebenen Texte sind sofort für alle sichtbar. Es funktioniert ähnlich, als wenn e-Mails zwischen allen beteiligten Gesprächspartnern hin und her geschickt werden. Meist werden die Chats von den Programmen in Form einer Raummetapher gestaltet. Man betritt einen Raum, wo sich ein paar Personen online aufhalten. An den Gesprächen nimmt man teil, indem man in ein Eingabefeld seinen Redebeitrag eintippt und dann abschickt. Der Server leitet die Nachricht an alle anderen weiter, die sich in diesem Raum befinden. Gefällt es hier einem nicht, begibt man sich per Mausklick in einen anderen Raum mit anderen Anwesenden usw. Das Besondere ist die Anonymität der Teilnehmer. Sie sind lediglich durch ihren Namen, mit dem sie sich eingeloggt haben, zu identifizieren. Ihr Alter oder ihr Geschlecht kann niemand erkennen. Viele suchen den Chat aus diesem Grund auf. Im Chat wollen die Teilnehmer nicht nur zwanglos plaudern. Im Chat will man aufgrund der Anonymität mit anderen Rollen oder neuem Verhalten experimentieren. Die sozialen Sanktionsformen sind gering. Man wird höchstens von eventuell vorhandenen Chatmoderatoren ausgeschlossen. Unter einem anderen Namen meldet man sich dann erneut an. Im Chat kommt es manchmal deswegen zu Belästigungen oder Beschimpfungen.

Eine Möglichkeit, sich selbst einen Chat zu schaffen, ist der Palace-Chat. Der Palacechat bietet eine virtuelle Räumlichkeit, in der sich Personen treffen können. Die „Chatter" können sich mit selbstgestalteten Bildern oder animierten Figuren (sog. Avatare) in diese Räume begeben und mit den anderen, ebenfalls mit Bilder getarnten, Anwesenden sprechen.

Auch im Chat haben sich bestimmte Kommunikationsregeln etabliert (www.cyberland.de). Ein von der LAG Medienarbeit e.v. Berlin im Rahmen des Modellprojekts „Netz-Transfer – Onlinekommunikationsprojekte in Jugendarbeit und Schule" betreute Chat findet sich unter www.virtuellewelt.de.

Medienerzieherische Hinweise

Das Internet ist kein pädagogisch aufbereiteter Raum. Viele Kinder wissen weder, was sicheres Verhalten im Internet ist, noch warum sie bestimmte Dinge nicht tun dürfen. Sie glauben leichtfertig, im Internet völlig unerkannt und damit gefahrlos zu sein. Sie wissen zu wenig von den Gefahren. Viele Jugendliche suchen Orientierung im Netz. Anonymität ist bei Fragen des Intimbereichs und der Persönlichkeitsentwicklung ein Moment, das Jugendlichen erleichtert, sich im Netz Hilfe zu Fragen zu holen. Dies wird von kommerziellen Angeboten oft ausgenutzt.

Zugegeben verlangt sicheres Verhalten im Netz eine Menge Wissen über Technik und Funktion des Netzes. Erwachsene sind selten diejenigen, die Kinder auf geeignete Seiten hinweisen. Selbst wenn Dubioses oder Unangenehmes passiert, sind Eltern zu wenig kommentierend und orientierend zur Stelle. Die Aggressivität mancher Betreiber von Internetseiten darf nicht unterschätzt werden. Hier einige Beispiele:

* Wer nicht nach Pornografie sucht, wird trotzdem ungewollt fündig.

* Manche dieser Seiten lassen sich durch das Anklicken des „X" nicht schließen. Stattdessen muss die Tastenkombination ALT und F4 gedrückt werden.

* Manipulierte Suchmaschinen nutzen die Interessen von Jugendlichen aus.

* Serien-e-Mails, sogenannte Spam-Mails, werden wahllos verschickt.

* Die Anonymität des Internets ist ein ideales Umfeld für Computerkriminalität und andere Formen des Verbrechens. Hier eine kleine Kostprobe von Delikten, die über das Netz zu realisieren sind (Richard, 2000): Computerspionage, Sabotage, Datenmanipulation auf fremden Rechnern oder Einschleusen von Viren, Trojanern oder anderer destruktiver Software.

56

* Viele Hausaufgabenseiten, die das kostenlose Downloaden von Hausaufgaben gestatten, sind nicht auf Fehler geprüft. Das gedankenlose, unkritische Einbauen von solchen Downloads in die Schulaufgaben verbessert nicht unbedingt die Schulnoten. Mittlerweile sind einige Hausaufgabenseiten gebührenpflichtig oder an zwielichtige Inhaber verkauft worden.

Eltern und Erzieher sind gefordert

Kinder bedürfen der Unterstützung der Eltern oder anderer Erwachsener. Eltern beziehungsweise Erzieher müssen das Angebot von Kinderseiten vorbereiten, da ihre Kinder kaum in der Lage sind, für sie passende Seiten zu finden. Sie sollten Kinderseiten selbst testen, bevor Sie mit Kindern auf diese Seiten gehen und sich nicht auf ungeprüfte Empfehlungen anderer verlassen. Eltern oder Aufsichtspersonen können ein Verzeichnis passender Seiten in den Browsern anlegen, damit Kinder zu den richtigen Seiten gelangen. Eltern sollten also in Reichweite bleiben, um für Abhilfe bei für Kinder unlösbaren Problemen zu sorgen. Bei jüngeren Kindern ist die dauerhafte Anwesenheit hilfreich. Weitere Empfehlungen siehe im Kapitel Computer (Abschnitt 9.1).

Zeitliche Begrenzungen

Das Onlinesein bedarf zeitlicher Grenzen. Zum einen aus Geldgründen, zum anderen, weil es prinzipiell im unendlichen Netz keine natürlichen Schlusspunkte wie zum Beispiel bei einer Fernsehsendung gibt. Auf dem Hintergrund der Kosten, auf die Kinder und Jugendliche hingewiesen werden, trifft man Vereinbarungen über die Nutzungsdauer. Die Nutzungszeiten sind ähnlich wie bei Computerspielen anzusetzen.

* *Vorschulbereich bis drei Jahre:* einzelne punktuelle Ausflüge von fünf bis zehn Minuten befriedigen die kindliche Neugier.

* *Vorschulbereich:* 15 bis 30 Minuten pro Internetbesuch.

* *Grundschule:* bis zu eine Stunde. An einzelnen Tagen darf es mehr an anderen dafür weniger sein. Entscheidende Größe ist die wöchentliche Gesamtnutzungszeit.

* *Jugendbereich:* Begrenzung für Chatzeiten.

Inhaltliche Vorbereitung

Ratsam ist es, Absprachen über die Inhalte zu treffen. Es kann festgelegt werden, dass einige wenige Lieblingsseiten aufgerufen werden können. Wichtig ist ebenfalls zu klären, wen man im Internet trifft. Dies dient zum Schutz des Kindes vor unlauteren Personen. Natürlich kann einmal länger gechattet werden. Eltern sollen sich berichten lassen, was ihre Kinder im Internet suchen und finden, mit wem sie kommunizieren. Dabei geht es nicht um reine Kontrolle. Die Gespräche sollen von Interesse und von Respekt für die Bedürfnisse der Kinder getragen sein.

Sicheres Verhalten ist gar nicht so einfach

Die einzelnen Hinweise und Regeln können hier aus Platzgründen gar nicht alle angegeben werden. Empfehlenswert ist die Broschüre „Ein Netz für Kinder", die vom Bundesministerium für Familie, Senioren, Frauen und Jugend herausgegeben worden ist. Downloads, e-Mails, das Überprüfen von Viren ist ohne eine Menge detaillierter Kenntnis nicht möglich (siehe beispielsweise die Broschüre „Kindersache: Der Internet Guide für Kids"). Sicheres Verhalten setzt ein differenziertes, wohlüberlegtes Handeln voraus und baut auf einer Menge von Vorwissen auf. Dies spricht um so mehr dafür, Kinder nicht einfach lossurfen zu lassen. Besser ist es, mit ihnen in einem längeren Lernprozess die Gefahrenpunkte des Internets zu erklären und sie ein entsprechendes Sicherheitsverhalten einüben zu lassen. Junge Internetnutzer müssen lernen, den Informationen kritisch zu begegnen. Wie Informationen zu bewerten sind, woran zu erkennen ist, welche zum Teil fragwürdige oder bösartigen Interessen dahinter stehen, ist Teil von Medienkompetenz. Es empfiehlt sich, Kinder und Jugendliche in den technischen wie inhaltlichen Umgang mit dem Netz durch einen Internetführerschein einzuweisen.

Umgang mit den Gefahren

Eine Kontrolle bei öffentlicher Nutzung des Netzes ist gesetzlich vorgeschrieben. Schülerinnen und Schüler müssen, wenn sie das Internet in der Schule oder im Jugendtreff nutzen, beaufsichtigt werden. Sie dürfen keine jugendgefährdenden Inhalte während ihres Internetbesuchs nutzen. Je nach Alter und Entwicklungsstand sind entsprechende Maßnahmen notwendig. Auf jeden Fall sollten Kinder und Jugendliche auf Gefahren hingewiesen werden. Es ist ihnen zu untersagen, bewusst nach verbotenen Inhalten zu suchen. Wichtig ist es, klare Regeln zu vereinbaren und durchzusetzen.

Neben der Kontrolle darf der Aspekt des Vertrauens nicht vergessen werden. Kinder und Jugendliche sind in ihren Informations- und Unterhaltungsbedürfnissen ernst zu nehmen. Sie müssen das Gefühl haben, dass dies akzeptiert wird und dass sie in den Erwachsenen einen offenen und ehrlichen Gesprächspartner finden. Wie wichtig Medienkompetenz ist, wird wieder einmal klar. Bloßes Bedienungswissen genügt nicht. Der Nutzer muss wissen, dass er eine Datenspur hinterlässt, dass hinter der attraktiven Aufmachung nicht immer lautere Interessen stehen und dass er bisweilen Ziel krimineller Attacken werden kann. Zum Beispiel, wenn sich kostenpflichtige Dialernummern unbemerkt im PC installieren.

Aus: Roland Kohm: Internet. In: Roland Kohm/Anton Brehm: Medienpädagogik und Medienpraxis für soziale Berufe. Lambertus Verlag, Freiburg 2005, S. 204-208

M 2: *Zehn Tipps für Kinder – so surfst du sicherer im Internet!*

* Trefft euch niemals alleine mit Leuten, die ihr im Internet kennen gelernt habt. Nehmt immer einen Erwachsenen mit, dem ihr vertraut. Schaut doch mal den Chatspickzettel unter der Rubrik „Chatten" an!

* Seid nett zu anderen im Internet. Alles was man im richtigen Leben nicht tun sollte oder nicht tun darf, soll man auch im Internet nicht tun, wie zum Beispiel andere beim Chatten beleidigen. Solche informellen Regeln werden meist „Netiquette" genannt, sinnvolle Verhaltensweisen in Chats „Chatiquette".

* Gebt eure Namen, Adressen, Telefonnummern, Fotos von euch oder Passwörter nie im Internet weiter. Oft weiß man nicht, was damit passiert. Wenn ihr aber glaubt, dass es notwendig ist, dann fragt eure Eltern oder andere Erwachsene um Rat. *Sichere Chats* speziell für euch findet ihr auf *www.klicksafe.de* unter der Rubrik „Chatten".

- Seid misstrauisch gegenüber Behauptungen, die ihr im Netz findet. Oft sieht man nicht, woher die Infos stammen und man weiß nie ob jemand wirklich der ist, der er behauptet zu sein. Findet heraus, wem die Website gehört – das steht meist im Impressum. Oftmals hilft es auch schon, Informationen aus dem Internet mit Büchern, die das gleiche Thema behandeln, zu vergleichen. Erst dann könnt ihr euch sicherer sein, dass die Infos wahr sind.

- Stellt euch vor, ihr habt im Internet eine Webseite mit tollen Spielen und Logos fürs Handy entdeckt. Plötzlich sollt ihr ein „OK" oder „Ja" eintippen oder sogar eure Handynummer angeben, damit ihr überhaupt spielen oder das Spiel herunterladen könnt. Passt auf: Angebote im Internet, die so toll und kostenlos ausschauen, können richtig viel Geld kosten und den Preis seht ihr oft gar nicht, weil der ganz klein irgendwo steht. Hier müsst ihr vorsichtig sein und am besten eure Eltern dazuholen.

- Klickt nie auf Anhänge in E-Mails von unbekannten Absendern oder wenn ihre keine Ahnung habt, was da drin stehen könnte. In E-Mail-Anhängen sind nämlich oft Viren versteckt, die euren Computer beschädigen können.

- Seid vorsichtig beim Herunterladen von Dateien: Virengefahr! Manchmal wählen sich solche Programme auch selbstständig ins Internet ein und ihr werdet von einer hohen Telefonrechnung böse überrascht.

- Kostenloses Herunterladen von Musik und Filmen ist oft nicht legal. Es gibt jedoch Seiten, von denen eure Eltern für euch Musiktitel kaufen können.

- Wenn euch etwas komisch vorkommt, ihr kein gutes Gefühl bei der Sache oder gar Angst habt, dann müsst ihr unbedingt mit euren Eltern oder einem anderen Erwachsenen sprechen. Vor allem wenn ihr im Internet auf eine Seite mit Bildern und Texten stößt, die euch Angst machen, dann zeigt sie euren Eltern oder einer anderen Person, der ihr vertraut. Eure Eltern erkennen verbotene Seiten eher als ihr und können sie den Internetbeschwerdestellen, zum Beispiel www.jugendschutz.net oder www.internet-beschwerdestelle. de melden.

* Benutzt Suchmaschinen für Kinder, wie www.blinde-kuh.de; www.helles-koepfchen.de oder www.milkmoon.de. Die sind übersichtlich und ihr braucht keine Angst zu haben, auf gefährlichen Seiten zu landen.

Aus: www.klicksafe.de; Stand 31. Januar 2006

M 3: *Verschiedene Materialien*

Internet für Kids? aber sicher!

Karin Wunderlich, Stuttgart 2004, CD-ROM, Lernprogramm
Die CD-ROM soll helfen, das Internet für Kinder sicherer zu machen. Sie zeigt Möglichkeiten für Filter- und Schutzprogramme, gibt einen Einstieg in die Welt des Computers und des Internet und regt zur Auseinandersetzung und zum Gespräch mit den Kindern über das Medium an. Dazu gibt es eine einführende „Rundreise" in sieben Schritten sowie die folgenden Kapitel: Sicher surfen/Vertrauen und Kontrolle/Zeit und Geld/Schutz vor Datenklau/Praxis und Programme/Links und Literatur/Rat und Begleitung (ab 8 Jahren).
Auszuleihen beim Ökumenischen Medienladen Stuttgart: CDR 116; www.oekumenischer-medienladen.de.

Internet abc – Wissen, wie's geht!

Eine CD-ROM für Pädagoginnen und Pädagogen sowie Eltern mit Informationen und Materialien rund um das Thema „Internet"
Zu Themen wie Sicherheit und Risiken beim Surfen im Netz, E-Mail, Chatten, Umgang mit Suchmaschinen oder Viren bietet sie zahlreiche Unterrichtsmaterialien, Informationen und Tipps. Mit Arbeitsblättern und interaktiven Quizspielen können Kinder ihr Wissen testen und sichere Verhaltensweisen trainieren.
Die Basis der CD-ROM bilden Angebote des werbefreien Ratgeber-Portals www.internet-abc.de sowie Unterrichtsmaterialien, die die Grundschulredaktion von Lehrer-Online, einem Projekt von Schulen ans Netz, entwickelt hat. Die Materialien wurden unter Berücksichtigung der Curricula für Grundschulen konzipiert und können fächerübergreifend und sehr flexibel im Unterricht eingesetzt werden.
Kostenlos zu bestellen bei: Landesanstalt für Medien Nordrhein-Westfalen (LfM): info@lfm-nrw.de oder www.internet-abc.de.

Internet. Miese Tricks und tolle Seiten

Rainer Fromm/Barbara Kernbach, Deutschland 2001 (FWU), 18 Min., f., Dokumentarfilm, FSK
Der Film zeigt gefährdende Inhalte im Internet und klärt über Tricks der Anbieter auf. Zugleich werden sichere Angebote für Kinder und Jugendliche und Tipps zum Umgang mit dem Internet vorgestellt. Auszuleihen beim Ökumenischen Medienladen Stuttgart: VC 1643; www.oekumenischer-medienladen.de.

Manfred Rommel: Moralischer Nutzen des PC

In: Manfred Rommel: Holzwege zur Wirklichkeit. Meine derzeitige Weltsicht. Hohenheim-Verlag: Stuttgart 2001
In dieser kurzen amüsanten Glosse schildert der Autor, was der Mensch vom Computer lernen könnte: Demut und den Willen zu dienen. Der Mensch tue etwas, was er noch nie getan habe: Er sucht die Fehler bei sich selbst.

Literatur

Roland Kohm: Internet. In: Roland Kohm/Anton Brehm u.a.: Medienpädagogik und Medienpraxis für soziale Berufe, Bd. 2. Lambertus-Verlag, Freiburg 2005

Broschüren und www-Adressen

Aktion Jugendschutz: Internet – aber sicher! (Faltblatt). www.ajs-bw.de

Bundesministerium für Familie, Senioren, Frauen und Jugend (Hrsg.): Ein Netz für Kinder – Surfen ohne Risiko? Ein praktischer Leitfaden für Eltern und Pädagogen (2003) (www.bmfsfj.de)

Bundesministerium für Familie, Senioren, Frauen und Jugend (Hrsg.): Was tun bei Dialern, Spam und Viren? Internetsicherheit, Technische Tipps, E-Mail, Chat, Internet und Recht, Handy. (2005) a.a.O.

Bundesministerium für Familie, Senioren, Frauen und Jugend (Hrsg.): Alles nett im Chat? Tipps für die sichere Internetkommunikation. (2005) a.a.O.

Jungendschutz in Telemedien (Hrsg.): Chatten ohne Risiko? Zwischen fettem Grinsen und Cybersex. Mainz 2005 (www.jugendschutz.net)

klicksafe.de – eine Hilfe für Kinder und Jugendliche, Eltern und Pädagogen www.klicksafe.de
Kinder und Jugendliche *lernen, die Vertrauenswürdigkeit einer Informationsquelle richtig zu beurteilen; schärfen ihr Risikobewusstsein bei der Weitergabe persönlicher Daten; lernen verdeckt kostenpflichtige Angebote zu erkennen und zu meiden; erhalten Tipps für ein sicheres Surfen.*
Eltern *werden über bestehende Risiken informiert; erhalten Hilfestellung in der Begleitung der Internetnutzung ihrer Kinder; werden über die Notwendigkeit und Anwendung technischer Vorkehrungen informiert; können sich ihrer Verantwortung in der Gestaltung eines sicheren Internets bewusster werden.*
Pädagogen *erhalten hilfreiche Anleitungen für die Begleitung von Kindern und Jugendlichen; werden über die Notwendigkeit und Anwendung technischer Vorkehrungen informiert; erhalten Informationen über Lernmaterialien zum Thema; können sich in Schulungen zum Thema Internetsicherheit fortbilden.*

Landesanstalt für Medien Nordrhein-Westfalen (LfM) Hrsg.: Online-Brother is watching you. Ein Praxis-Leitfaden zu Fragen der Sicherheit im Internet. (2003) www.lfm-nrw.de

„Haste keins, biste nix!" – Ohne Handy ein Außenseiter? Tipps, Tricks und Fallen

Elternabend in der Grundschule und Sekundarstufe I

Vorbemerkungen

* Einen Stuhlkreis um eine gestaltete Mitte vorbereiten: Zum Beispiel ein altes Schnurtelefon, ein modernes Handy, ein Plastikhandy der Kinder, Karikaturen, Werbeprospekte von Handyfirmen, Zeitungsausschnitte etc. zum Thema.
* Ein Teilnehmer wird vorher beauftragt, sein Handy mitzubringen – fingierter Anruf (siehe Einleitung).

1. Einleitung

* *Die Teilnehmer werden aufgefordert, eine Karikatur, einen Zeitungsbericht, einen Prospekt ... aus der Mitte zu holen und sich vorzustellen: Name, wie viele Kinder (Mädchen, Junge, Alter); wieso habe ich diese Karikatur ... ausgewählt? Welche eigenen Erfahrungen habe ich zum Thema?*
* *Während der Vorstellungsrunde klingelt ein Handy eines Teilnehmers (er wird von einem „Mitwisser" angerufen). Der Teilnehmer spricht laut und störend, am besten über „private" Dinge. Die Reaktionen der anderen Teilnehmer abwarten. Nachdem schließlich der Runde das Fingierte des Anrufs mitgeteilt wird, sollen ähnliche Erlebnisse erzählt werden (im Zug, Bus, Gaststätte ...).*

2. Hauptteil

* *Impuls:* Ohne Handy ein Außenseiter? Tipps, Tricks und Fallen. **(M 1)**

* *Diskussion:* Fragen, Anregungen, Ergänzungen, andere Meinungen … Empfehlenswert ist es, nach jedem Kapitel die Diskussion frei zu geben.

---

3. Schluss

Das Lied auf der CD: „*Wohlstandsmaschine*" (siehe bei Elternabend: „Kauf mir das! …" Seite 52 **(M 2)** oder: Kurzspielfilm „*Talks 1*" (siehe Literatur).

Materialien

M 1: *Ohne Handy ein Außenseiter? Tipps, Tricks und Fallen*

Aussagen von Petra Grasser, 25, Grafik-Designerin

„Ich habe kein Handy und plane auch nicht, mir eines anzuschaffen. Ich finde, man muss nicht immer erreichbar sein. Es gab noch nie eine Situation, in der ich ein Handy vermisst habe. Meine Freunde haben alle eines, aber bis jetzt hat mich noch niemand unter Druck gesetzt, ich solle mir ein Handy zulegen. Früher ging es doch auch ohne. Ich will mich diesem Massenzwang nicht aussetzen.
Die Leute, die mir wichtig sind, wissen, wo sie mich erreichen: tagsüber bei der Arbeit, abends zu Hause. Dort bin ich auch immer spontan zu sprechen. Und wenn ich wirklich mal nicht per Festnetz greifbar bin, höre ich meinen Anrufbeantworter eben eine halbe Stunde später ab. Deswegen habe ich noch nie etwas Wichtiges verpasst. Zudem kommunizieren wir viel per E-Mail – das genügt mir, um zwischendurch den Kontakt zu halten. Verabredungen noch im allerletzten Moment zu ändern, fällt ohne Handy natürlich weg – aber das empfinde ich ohnehin nicht als erstrebenswert.

Mein Beruf ist ziemlich stressig. Da kommen kaum spontane Freizeitaktivitäten zustande. Alles muss von langer Hand geplant und mit dem Job unter einen Hut gebracht werden. Dazu reicht das Festnetz völlig aus. Und gerade weil ich tagsüber so extrem eingespannt bin, lehne ich das Handy ab. Denn ständig erreichbar zu sein, kann in bestimmten Situationen einen zusätzlichen Störfaktor bilden. Klingelt es in der Handtasche erst einmal, muss und will man rangehen. Natürlich kann man das Handy ausschalten, wenn man keine Gespräche entgegennehmen möchte. Dann muss man sich aber eventuell später rechtfertigen. Ich hätte dabei vermutlich immer ein schlechtes Gewissen."

Aus: Menschen im Blickpunkt. Heft 4/2002, S. 30

Diskussion: Können Kinder und Jugendliche in der Pubertät mit dieser Aussage etwas anfangen?

1. Handy – oder die totale Kommunikation

Jugendliche haben das Handy als einen wichtigen Begleiter und Helfer für die Kommunikation mit Freunden und der Familie entdeckt. 3,5 Handys gibt es durchschnittlich in Haushalten, in denen Kinder leben. Die Kommunikationsbranche verdient sich daran eine goldene Nase. Die rund 30 Milliarden SMS, die jährlich in Deutschland hauptsächlich von Jugendlichen verschickt werden, kosten die Handynutzer 5,7 Milliarden Euro. Rund 21 Euro Gebühren im Monat geben Jugendliche für ihr Handy aus.

Anstieg der Handynutzer bei Jugendlichen von 12 bis 19 Jahren

1998	8%
1999	14%
2000	49%
2001	74%
2002	82%
2003	86%
2004	90%

Aus: Roland Kohm: Materialien für die Medienarbeit. Rundbrief 3/2005; Evangelisches Medienhaus Stuttgart: Roland.Kohm@Evangelisches-Medienhaus.de

2. Das Handy trägt zur Identitätsfindung der Kinder und Jugendlichen bei

Der Kommunikationswissenschaftler Tully ist der Meinung, dass das Handy die Jugendlichen mit ihren Peers verknüpft und die Beliebtheit einer Person innerhalb der sozialen Gruppe messbar geworden ist. Die Zahl der empfangenen SMS oder die Dauer der Häufigkeit der Telefonate, die man führt, werden dabei zu Indikatoren für das Maß der Einbettung einer Person. Wer einen VIP-Klingelton zugeordnet bekommt, hat gewonnen, wer gar kein Handy hat, kann an der Kommunikation mit den Peers unter Umständen nicht mehr teilnehmen ... Der Fotoversand bietet die Gelegenheit, den Kommunikationspartner noch stärker an der eigenen Umgebung und der aktuellen Befindlichkeit teilnehmen zu lassen. In der medial geprägten Welt, in der Jugendliche heute aufwachsen, kommen Bild und Symbol verstärkte Bedeutung zu, das Bedürfnis, anderen mittels Foto einen „Nachweis" dafür zukommen zu lassen, wie viel Spaß man gerade auf dieser Party oder jenem Event hat ... Fotos der jüngsten Erlebnisse, Bekanntschaften, zusammen mit den gespeicherten Lieblingssongs und den schönsten Nachricht des aktuellen Schwarms, machen das Handy zur Datenbank für die wichtigsten Anknüpfungspunkte im Jugendalltag ... Das Handy ist Teil der notwendigen Infrastruktur für die Alltagsorganisation jugendlicher Lebenswelten geworden und zwar – mehr als jedes andere technische Medium – in allen sozialen Schichten ... Das Handy dient zur Kultivierung eigener Stile und deren Mitteilung an andere. Für Jugendliche wird es so zum Ausdruck des Geschmacks und somit der eigenen Identität.

Aus: Claus J. Tully/Claudia Zerle: Handys und jugendliche Alltagswelt. In: medien + erziehung (merz), zeitschrift für medienpädagogik, kopaedverlag, München, Heft 3/2005, S. 11-16

3. Ohne ein Handy ein Außenseiter?

Was bedeutet ein Handy für einen Jugendlichen? Das Handy ist heute *das* Kommunikationsmittel der Jugendkultur, auch in Abgrenzung zur Erwachsenenwelt. Viele Kontakte und Verabredungen (z.B. auch Flirts) laufen nur über das Handy, was andererseits auch bedeutet, dass Jugendliche ohne Handy riskieren, sozial ausgeschlossen zu werden. Handys sind darüber hinaus ein Statussymbol, dessen Bedeutung aber

im Laufe des Jugendalters abnimmt. Was mit 14 Jahren einen mega-
coolen Eindruck und große Anerkennung unter den Gleichaltrigen
zur Folge hat, wird mit zunehmendem Alter zum selbstverständlichen
Kommunikationsmittel.

Bei aller Bedeutung der technischen Funktionalität bleibt das Handy
als Konsumgut (Besitz als Ausdruck von Zugehörigkeit zu einer bestimmten Gruppe, Anerkennung in der Clique) wichtig. Auch in späteren Jahren ist nicht nur eine gute, dem neuesten Stand der Technik
entsprechende Ausstattung des Handys wichtig, sondern auch ein gutes
Design, die Tatsache, dass auch meine Freunde ein solches Handy benutzen und die Möglichkeit, „damit ein bisschen anzugeben".

Aus: Welthaus Bielefeld (Hrsg.): Handy Welten – Globales Lernen am
Beispiel der Mobiltelefone. Unterrichtsmaterialien für die Klassen 8 bis
13. Bielefeld 2004, S. 5-6

Brief von Anne

Liebe Jana, ich schreibe Dir, weil ich ein echtes Problem habe und nicht
mehr weiter weiß. Die T. hat mir mein Handy gesperrt, weil mein Konto
leer ist und die Sparkasse nichts mehr überweist. Außerdem habe ich
einen unverschämten Brief von einem Inkasso-Unternehmen bekommen mit der Aufforderung, meine Schulden gegenüber der T. in Höhe
von 573 Euro plus 50 Euro Inkasso-Kosten sofort (!) zu bezahlen. Ich
habe den Handy-Vertrag erst im letzten Oktober unterschrieben und
die ersten drei Monate bezahlt mit der Kohle, die ich zu meinem acht-
zehnten Geburtstag bekommen habe. Aber seitdem kommt nicht mehr
viel. Der Job im Café Hollywood ist endgültig weg, weil die jetzt nur
noch Studentinnen nehmen. Man gibt mir weiterhin 100 Euro Taschengeld und meint, dass eine Schülerin damit auskommen müsste.
Aber das geht nicht. Ab und zu will ich mir auch mal was Cooles zum
Anziehen kaufen. Und wenn ich Louis auch nur einmal im Monat besuchen will, sind auch schon wieder 45 Euro für die Fahrkarte weg,
weil ich ja nicht trampen soll. Am teuersten aber kommt das Handy.
Im ersten Monat habe ich echt nicht aufgepasst und für fast 180 Euro
telefoniert und vor allem gesimst. Ich find das Klasse und habe am
ersten Tag über 70 SMS verschickt. Mittlerweile halte ich mich zurück
und habe eine Handyrechnung von rund 80 Euro im Monat. Aber selbst
das kann ich nicht mehr bezahlen, weil ich ja auch etwas Geld abends
und am Wochenende brauche.

Jetzt stehe ich da ohne Handy – und merke, dass ich total abgeschnitten bin von allem. Am letzten Samstag stand ich nachts um elf Uhr allein im Hollywood rum, weil ich nicht mitbekommen habe, dass alle zur Party bei Pit waren. Ohne Handy und ohne SMS bist du einfach out. Seit Melanie nicht mehr mit mir simst, haben wir praktisch keinen Kontakt mehr. Die meldet sich nie und wenn ich sie anrufen will, muss ich auf ihr Handy und das merkt Mam und schimpft über die Telefonkosten. In der Schule haben alle ein Handy und die meisten sogar eins mit Kamera. Und ich habe nur ein Steinzeitmodell, das außerdem gesperrt ist. Ich halte das so nicht mehr aus und brauche mein Handy für den Kontakt. Sonst wird alles total einsam. Kannst du mir nicht helfen? Bei den anderen bezahlen eh die Eltern die Handyrechnung. Du verdienst doch jetzt gut und könntest deiner armen Schwester unter die Arme greifen – vielleicht mit 100 Euro im Monat? Nach dem Abi kriege ich bestimmt einen Job – und dann bekommst du das Geld zurück. Bitte hilf mir! *Anne*

Aus: Welthaus Bielefeld (Hrsg.): Handy-Welten. a.a.O.

4. Handy-Strahlung und gesundheitliche Risiken

Handys schaden Würmern

New York (ap) – Eine Studie mit Würmern wirft nach Ansicht von Wissenschaftlern auch Fragen zur erlaubten Stärke der Strahlung bei Mobiltelefonen auf.

Die Würmer waren in einer Untersuchung von Forschern der Universität von Nottingham in England und der Universität von British Columbia in Kanada einer Mikrowellenstrahlung ausgesetzt worden wie sie auch von Mobiltelefonen ausgeht. Bei ihnen zeigten sich danach biologische Veränderungen, die die Funktion der Zellen beeinträchtigten. Schlüsse auf mögliche Auswirkungen beim Menschen ließen sich daraus zwar nicht direkt ziehen, erklärten die Forscher David de Pomerai und Peter Candido zu ihrer vom Wissenschaftsmagazin „Nature" vorab veröffentlichten Studie. Aber es stelle sich durchaus die Frage, ob die bisherigen Anforderungen an Geräte mit Mikrowellenstrahlung nicht sorgfältig überdacht werden sollten.

Aus: Schwäbische Zeitung: 15. Mai 2000/Nr. 111

Forscher raten zur Vorsicht bei Handys

LONDON (ap) – Die von Mobiltelefonen ausgehende elektromagnetische Strahlung kann menschliche Zellen schädigen. Bei einer Laborstudie führe sie zu DNS-Schäden in Zellen. Damit hat sie nach Angaben der Forscher das Potenzial, chronische Erkrankungen zu verursachen. Die Laboruntersuchung ist zwar kein Beweis dafür, dass Handynutzer tatsächlich einer erhöhten Gesundheitsgefahr ausgesetzt sind. Die Wissenschaftler empfehlen jedoch, bis zur endgültigen Klärung des Sachverhalts vorsichtig im Umgang mit Mobiltelefonen zu sein.

An der vierjährigen Reflex-Studie hatten sich zwölf Forscherteams aus sieben europäischen Ländern beteiligt, darunter auch Deutschland. Dabei zeigte sich, dass Strahlungsmengen, die mit denen von Handys vergleichbar sind, in verschiedenen menschlichen Zelltypen zu DNS-Brüchen führten. Je höher die Strahlung und je länger Zellen ihr ausgesetzt waren, desto größer waren die Schädigungen. Außerdem fanden die Forscher Hinweise auf Chromosomenschäden, wie das Magazin „Nature" berichtet.

Aus: Schwäbische Zeitung: 5. Januar 2005

Studie: Handys sind ungefährlich

Die neue Interphone-Studie der Weltgesundheitsorganisation (WHO) ergab, dass bei Handynutzern in Deutschland insgesamt kein erhöhtes Gesundheits-Risiko beobachtet worden sei, teilte die Universität Bielefeld mit. Das Telefonieren mit dem Handy erhöht nach neuesten Erkenntnissen nicht das Risiko für Hirntumore. Wer regelmäßig – also mindestens ein Mal pro Woche – sein Handy nutzt, hat nach Analyse der Forscher kein erhöhtes Tumorrisiko. Es sei auch kein ansteigendes Risiko mit erhöter Nutzungsintensität erkannt worden. Selbst bei mehr als 30 Minuten Handy-Telefonaten pro Tag habe sich keine erhöhte Krebsgefahr ergeben. Auch eine Häufung von Tumoren an den typischen Berührungsstellen am Kopf sei nicht festzustellen.

Eine Unsicherheit aber bleibt: Keine abschließende Aussage treffen die Forscher über ein möglicherweise leicht erhöhtes Tumor-Risiko für Menschen, die seit zehn Jahren und mehr mit dem Handy telefonieren und in der Regel auch bereits C-Netz-Telefone benutzt hatten. Es müsse weiter geforscht werden.

Insgesamt wurden seit dem Jahr 2000 in Deutschland 844 Patienten mit einem Hirntumor untersucht und mit 1535 zufällig ausgewählten Kontrollpersonen vergleichen.

Aus: „Schwäbische Zeitung", 31. Januar 2006/Nr. 25

5. Tipps, Tricks & Fallen (Stand: Januar 2006)

Viele Eltern wollen, dass ihre Kinder immer erreichbar sind. Deshalb geben sie ihnen ein Handy. Handydienste sind oft teuer. Der Überblick: Was kosten SMS, Bilder und Töne? Und wie es billiger geht.

Klingeltöne (billiger: Klingeltöne selber komponieren)

Klar, den Lieblingshit möchte jeder haben. Leider klingt er auf vielen Handys eher nach Heimorgel. Und er ist nicht billig. 1,99 Euro kostet ein Klingelton, wenn man ihn per SMS bestellt. Über die auch angebotenen 0190er-Nummern bezahlt man 1,86 Euro – pro Minute! Bis man die Bestellung abgewickelt hat, das kann drei Minuten dauern und dann kostet der Klingelton schon 5,58 Euro. Und es gibt weitere Preisfallen. Viele Firmen bieten Klingelton-Abos an, man muss regelmäßig neue Klingeltöne nehmen. Auch im Internet wird damit viel verdient. Dialer machen das Herunterladen oft teuer. Gute Adressen für Klingeltöne sind aber die Internetseiten der Handy-Hersteller. Hier bekommt man für den Festpreis von 1,99 Euro die Töne, die das eigene Handy wirklich abspielen kann. Auch mit Musik-Software kann man Klingeltöne selbst machen. Mittlerweile kommen Handys mit qualitativ besseren MP3-Playern auf den Markt.

SMS (Short Message Service)
(billiger: im Internet seriöse Seiten mit Gratis-SMS)

Mit über 25 Milliarden SMS im Jahr ist Deutschland Weltmeister beim Senden dieser Mini-Nachrichten. Manche machen kleine Wortkunstwerke aus ihren SMS. Andere verpulvern mit „Hallo!" (kostet bis 19 Cent) und „Wie geht's" (noch mal 19 Cent) viel Geld. Meistens werden SMS per Handy, aber auch über das Festnetz geschickt. Maximal 160 Zeichen passen in eine SMS. Wer viel „simst", sollte einen Vertrag mit möglichst vielen Inklusiv-SMS abschließen. So kann man die Kosten für eine SMS auf bis zu zehn Cent senken.

MMS (Multimedia Message Service) (billiger: Fotos erst auf den PC übertragen, dann mailen oder ausdrucken)

Per MMS können digitale Fotos, Grußkarten, kurze Videos und mehr versendet werden. Zur Zeit kosten MMS bei vielen Mobilfunkanbietern 39 Cent pro Datei (max. 300 KB). Handy-Bilder lassen sich auf kurze Entfernung auch kostenlos per Infrarot oder Bluetooth von Handy zu Handy weitereichen. Wer nicht auf die Datenmenge achtet, kann teure Überraschungen erleben!

Spiele (billiger. Erst rechnen, dann – vielleicht – laden)

Zwischen 2,99 und 9,99 Euro zahlt man für Handy-Spiele. Oft sind die wahren Kosten bei den Anbietern aber im Kleingedruckten versteckt. Und auch für Spiele gibt es Abos mit Pflichtabnahme. Da wird's dann schnell besonders teuer. Beim direkten Download aufs Handy kommen WAP-Kosten dazu. Die Bandbreit ist groß: PC-Spiele wie „Prince of Persia" finden sich neben Brett- und Kartenspiel-Klasikern. Leider funktionieren sie auf Handys mit wenig Speicher eher langsam. Tipp für Eltern: Wer wissen will, ob die vorhandenen Spiele für das Alter der Kinder schon freigegeben sind: Auf der Internetseite der Spielebewerter (www.usk.de) erfährt man es.

Aus: SCHAU HIN! informiert. www.schau-hin.info

6. Ein etwas anderer Handy-Knigge?

* Sprich am Handy immer laut und deutlich. Deine Mitmenschen haben schließlich auch ein Recht darauf, das Gespräch mitzubekommen.

* Lass dir nicht einreden, die Leute zum Beispiel in der Bahn, beim Einkaufen … könnten auf das Mithören intimer Details verzichten wollen. Einschaltquoten von Talk-Shows beweisen das Gegenteil.

* Wann immer irgendwo ein Handy klingelt, zeige der staunenden Welt, dass auch du eines hast: Greife erst einmal wie selbstverständlich zu deinem Gerät und schau, ob dich auch jemand sieht.

* Bevor du einen Anruf entgegennimmst, versäume nicht, laut aufzustöhnen: „Mein Gott, hat man denn nirgends mehr seine Ruhe?" Wahlweise auch: „Können die nicht einmal etwas selbst entscheiden?"

- Ignoriere dein klingendes Handy, wenn du allein bist. Reine Zeitverschwendung! Wenn's keiner sieht, macht's keinen Spaß.

- Lerne, Räume zu nutzen, in denen optimale Verständigung mit deinem Gesprächspartner gewährleistet ist. Günstig: Museen, Kirchen, Kinos, Bibliotheken und Intensivstationen. Ungünstig: Jägerhochstand.

- Und das Handy in Theater und Oper? Nur zu! Der wahre Künstler fühlt sich durch Klingelgeräusche zu Höchstleistungen angespornt.

- Ein Aberglaube: Telefonieren beim Autofahren bringe Unglück. Falsch! Es trainiert vielmehr nützliche Fertigkeiten wie Einhändigfahren oder Überkreuzschalten. Etwas Geschicklichkeit hat noch keinem geschadet!

- Selbst ein Telefonat während eines Rendevous ist nicht tabu. Man hat sicher Verständnis dafür, dass du erst deine Neugier befriedigen willst.

Aus: Praxis Politik. Themenheft „Handy", Heft 4/2005. Westermann-Verlag, Braunschweig, S. 17

Literatur und Medien

Kinder

Handy-Kurs mit Polly und Fred (CDR 272). Petra Müller, Grünwald 2004/2005 (FWU), CD-ROM, Infotainment, ab sechs Jahren
Die didaktische Struktur der Lernsoftware mit animierter Einführungsgeschichte, Basiswissen, einem auf das Thema abgestimmten Spiel und weiterführenden Informationen ermöglicht einen differenzierten Einsatz im Unterricht. Themen: Grundregeln der Technik, Umgang mit Handys, SMS, Kostenfalle, Pflege und Verlust, Funklöcher und Notruf, Strahlung sowie Zukunftsvisionen.
Auszuleihen beim Ökumenischen Medienladen Stuttgart: Tel.: 0711/22276-67; E-Mail: info@oekumenischer-medienladen.de; www.oekumenischer-medienladen.de.

www.klicksafe.de
Sehr hilfreiches Verzeichnis von Materialien rund um das Thema Handy, Internet und Kommunikation mit kostenlosen Download-Möglichkeiten; für Kinder, Jugendliche, Eltern und Pädagogen; siehe besonders der Link: „Schuldenfalle Handy".

Jugendliche

„Handys im Jugendalltag": Themenheft 3/2005 der Zeitschrift „Medien + Erziehung". kopaed-Verlag: München
In diesem Themenheft finden sich grundlegende wissenschaftliche Beiträge, u.a. zu folgenden Themen: Handys und jugendliche Alltagswelt; Zwischen Reiz und Risiko; Nicht nah, aber immer für dich da! Studie: Handy und SMS im Alltag; Mittler zwischen Generationen? Jugendliche reagieren gut auf Marketing; Infos zum Mobilfunk

Handytipps für Schüler
Strahlung, Antismog und Schuldenfalle. Bayerisches Landesamt für Umwelt (Hrsg.): Kostenloser Download unter:www.mobilfunkundschule.bayern.de/materialien oder www.klicksafe.de.

Jugendportal
Informationen zu Verbraucherfragen: Informationen rund ums „Handy", Verbraucherzentrale Nordrhein-Westfalen: www.checked4you.de.

Handysektor.de
Werbefreie Informationsseite für Jugendliche zum sicheren Umgang mit Netzkommunikation: www.handysektor.de

Netzcheckers
Informationen zu Handy, Computer und anderen Themen, erstellt von der Bundesinitiative „Jugend ans Netz": www.netzcheckers.de.

www.schau-hin.de
Hilfreiches Verzeichnis von Materialen zu allen medienpädagogischen Themen mit kostenlosen Download-Möglichkeiten.

Schulprojekt Mobilfunk
Kostenlose Arbeitshefte zum Themenbereich mobile Kommunikation für den Unterricht.
Hrsg.: Informationszentrum Mobilfunk www.schulprojekt-mobilfunk. de.

Talks 1 (VC 2908), Mickel Rentsch, Deutschland 2002, 5 Min., f, Kurzspielfilm, ab 12 Jahren
Ein Junge telefoniert mit seinem Handy mit verschiedenen Personen, erzählt aber immer dasselbe. Ein anderer hört Walkman und singt immer wieder die gleiche Liedpassage mit. Eine amüsante Geschichte, die vorführt, wie Kommunkation scheitert.
Auszuleihen beim Ökumenischen Medienladen Stuttgart, a.a.O.

2. Pädagogisch-psychologische Themen

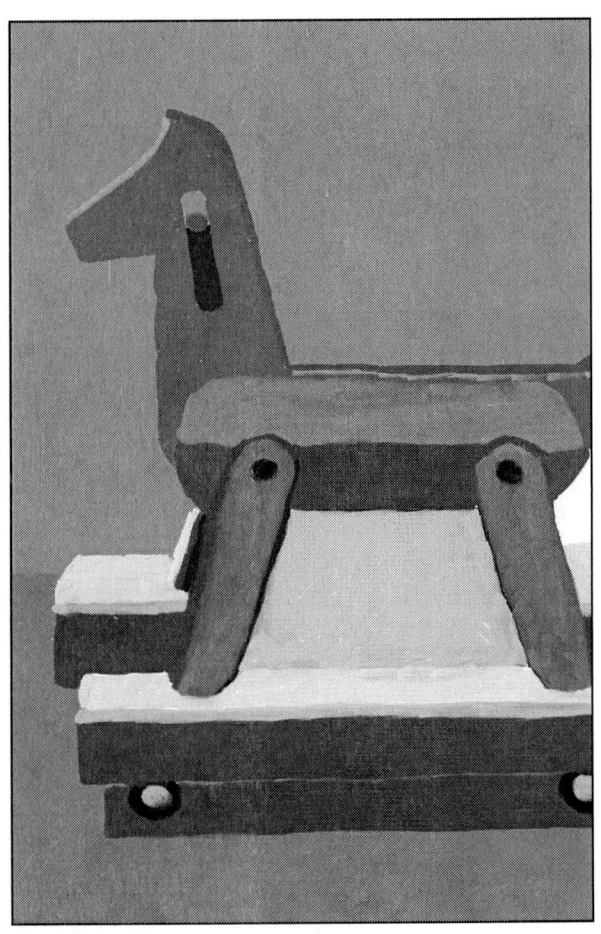

„Hurra! Ich komme in die Schule!"
– Ist mein Kind „schulreif"? –
Kriterien zur Schulfähigkeit

Elternabend im Kindergarten oder in der Grundschule

Vorbemerkungen

- Einen Stuhlkreis um eine gestaltete Mitte vorbereiten: Zum Beispiel Einschultüte, Lese-Fibel, Erst-Rechenbuch ... hinlegen. Es liegen Bildkarten zum Thema „Schüler und Schule" aus (Karikaturen, Fotos ...), eventuell auszuleihen bei örtlichen Bildungswerken, schulpsychologischen Beratungsstellen, Kreismedienzentren ...

1. Einstieg

- *Vorstellung: Die Teilnehmer werden aufgefordert, eine Bildkarte auszusuchen und sich damit vorzustellen: Name, wie viele Kinder? Alter der Kinder? Warum habe ich dieses Bild ausgesucht? (Erwartungen an und Ängste vor der Schule?).*

2. Hauptteil

- *1. Impuls:* Welche neuen Anforderungen kommen auf mein Kind zu, wenn es in die Schule kommt? **(M 1)**
- *Diskussion:* (Fragen, Anmerkungen, Ergänzungen ...)
- *2. Impuls:* Gesichtspunkte zur Entwicklungsbeobachtung von Schulanfängern. **(M 2)**

• *Diskussion:* (Fragen, Anmerkungen, Ergänzungen ...)

---

3. **Schluss**

Vortrag des sehr humorvollen Bilderbuches: „Der Ernst des Lebens".
(M 3)

Materialien

M 1: *Neue Anforderungen an das Schulkind*

• Der Schüler muss sich auf unterschiedliche neue Personen (Schulleiter, Lehrer, Erzieher, Schulangestellte ...) und auf andere Schüler, besonders auf die seiner Klasse, einstellen und zu ihnen Beziehungen anknüpfen.

• Er muss sich an einen straffen Tages- und Wochenrhythmus gewöhnen, der vom Stundenplan und von der Erfüllung bestimmter Pflichten abhängt.

• Die Konzentration auf mehrere Unterrichtsstunden mit 45 Minuten Dauer sowie die Umstellung in den Pausen muss ihm möglich sein.

• Er muss den andersartigen Führungsstil des Lehrers (sachlicher, verbindlicher) im Vergleich zu den Erzieherinnen im Kindergarten „verkraften".

• Der Schüler muss verstehen, dass neue Normen und Regeln gelten, die von denen im Kindergarten zu unterscheiden sind (z.B. nicht „abgucken", nicht „abgucken lassen", nicht ungefragt während des Unterrichts „hineinreden", Annehmen öffentlicher Bewertung, auch Zensuren).

• Er muss wechselnde Verbindlichkeiten seiner Handlungen bedenken, den Ernstcharakter des Unterrichts und der Erfüllung von Hausaufgaben beziehungsweise den Freizeitcharakter der sonstigen Tätigkeiten im Hort auseinanderhalten können, auch wenn sie oft sogar an den gleichen Raum gebunden sind.

- Die veränderte Position von der Rolle der Ältesten in der relativ kleinen Kindergartengruppe zur Rolle der Jüngsten in der ganzen Schule hat Folgen.
- Eventuell ist ein neuer Schulweg zu bewältigen (Bus ...).

M 2: *Gesichtspunkte zur Entwicklungsbeobachtung von Schulanfängern (für Eltern, Lehrer und Erzieher)*

1. Sozialverhalten

Welches Kontaktverhalten zeigt das Kind innerhalb seiner Gruppe?
- Nimmt selbstständig Kontakt auf (ungezwungen, aktiv, spontan),
- hält sich zurück (gehemmt, scheu).

Welche emotionale Zuwendungsmöglichkeit hat das Kind (gegenüber Alterskameraden – gegenüber Erwachsenen?
- Äußert spontan seine Gefühle (Zuneigung, Mitleid, Einfühlungsvermögen),
- wirkt eher gleichgültig, distanziert, ausdrucksgehemmt.

Wie ist die Bereitschaft zur Zusammenarbeit/Verhalten bei Konflikten?
- Zeigt sich hilfsbereit,
- verhält sich verantwortungsbewusst für andere,
- kann nachgeben und die Interessen/Meinungen anderer anerkennen,
- kann Regeln übernehmen, Gemeinschaftsaufgaben erfüllen, kann vermitteln,
- durchsetzungsfähig, aber nicht egozentrisch.

Welche Verhaltensweisen zeigt das Kind in schwierigen Situationen?
- Physisch aggressiv, verbal streitend, resignativ sich zurückziehend, vermeidend ausweichend.

2. Emotionales Verhalten

Zeigt das Kind Selbstsicherheit?

* Kann seine Wünsche äußern, wirkt angstfrei und sicher,

* kann seine Bedürfnisse und Wünsche nicht äußern, wirkt eher ängstlich, unsicher, gehemmt.

Verhält sich das Kind selbstständig?

* Entwickelt Eigeninitiative.

3. Motivationales und intellektuelles Verhalten

Wie ist die Merkfähigkeit ausgeprägt?

* Kann Aufgenommenes nach kurzer/längerer Zeit wiedergeben,

* kann nach längerer Zeit früher Aufgenommenes reproduzieren (Angabe: Zeitraum des Behaltens, Art der Information).

Wie verhält sich das Kind bei Aufgaben, die Konzentration und Ausdauer erfordern?

* Kann aufmerksam zuhören, Arbeitsanweisungen erfassen,

* führt Arbeiten kürzerer/längerer Dauer zu Ende,

* kann sich über einen längeren/kürzeren Zeitraum konzentrieren.

Wie verhält sich das Kind im Spiel und bei Arbeiten?

* Bringt neue, originelle Einfälle,

* verwendet meist vorgegebene Muster,

* beharrt auf immer gleichen Schemata.

Über welche Kenntnisse und Fertigkeiten verfügt das Kind?

* Kann Zusammenhänge seines Erfahrungsumfeldes erfassen und wiedergeben,

* kann Gegenstände in Bezug auf ihre Eigenschaften (Mengen, Größen, Farben) benennen,

* kann mit Gegenständen, Materialien und Werkzeugen angemessen umgehen (Handhabung von Papier, Bleistift, Schere usw. sowie sorgfältiges Umgehen mit Gebrauchsgegenständen).

Welche besonderen Interessen sind beim Kind zu beobachten?

* Zum Beispiel in den Bereichen Spiel, Sprache, Musik, Malen, Werken, Sport, Natur, Technik, häuslicher-pflegerischer Bereich?

4. Sprachverhalten

Zeigt das Kind altersgemäßes Sprachverständnis und sprachliche Ausdrucksfähigkeit?

* Kann Gesprochenes inhaltlich erfassen,

* kann verständlich und zusammenhängend erzählen,

* kann Objekte benennen, Unterschiede und Gemeinsamkeiten herausfinden.

Sprachstörungen?
(Bei Auffälligkeiten sind Sprachheilpädagogen zur Differentialdiagnose hinzuzuziehen.)

5. Körperbeherrschung

Wie kann das Kind seine Gesamtbewegungsabläufe beherrschen?

* Kann das Gleichgewicht bewahren,

* kann grobmotorische Abläufe koordiniert und gezielt einsetzen (Gehen, Laufen, Springen etc.).

Wie verläuft die Koordination der Feinmotorik?

* Zeigt Finger- und Handgeschicklichkeit.

Motorische Störungen?
(Nähere Angaben über die Art der grob- beziehungsweise feinmotorischen Beeinträchtigungen.)

6. Sinnesbeherrschung

Zeigt das Kind akustische Differenzierungsfähigkeit?

* Kann Geräusche unterscheiden.

Zeigt das Kind Anzeichen, die evtl. auf eine Hörstörung hinweisen?
(Nähere Angaben beziehungsweise diagnostische Abklärungen erforderlich.)

Kann das Kind optische Gebilde differenziert betrachten?

* Kann Einzelheiten aus einem wahrgenommenen Bild herausgliedern,

* kann optische Gebilde aus Einzelheiten (wieder) zusammensetzen.

Zeigt das Kind Anzeichen, die eventuell auf eine der folgenden Störungen im Bereich der optischen Wahrnehmung hindeuten?

* Augenfehler/Sehstörungen, Farbunterscheidungsschwäche, Formunterscheidungsschwäche (weitere diagnostische Abklärungen erforderlich).

Die Beobachtungsgesichtspunkte sind aus: Dokumentation Bildung Nr. 1: Kooperation zwischen Kindergarten und Grundschulen. Hrsg. Ministerium für Kultus und Sport, Baden Württemberg. September 1979, Seite 61ff.

Es ist sinnvoll anhand dieser Beobachtungspunkte die Schulfähigkeit des Kindes mit der Erzieherin zu besprechen. Im Zweifelsfalle kann auch durch eine schulpsychologische Beratungsstelle oder durch einen Beratungslehrer ein Schuleignungstest durchgeführt werden, der jedoch nur Teile dieser Gesichtspunkte testet. Am aussagekräftigsten über die Schuleignung eines Kindes hat sich immer noch das Urteil der Erzieherin und der Kontaktlehrerin erwiesen.

M 3: *Bilderbuch: „Der Ernst des Lebens" von Sabine Jörg/Ingrid Kellner. Thienemann-Verlag 1996*

Literatur

Karlheinz Barth: Schulfähig? Beurteilungskriterien für die Erzieherin. Herder-Verlag 1996 (3. Auflage) – nicht mehr lieferbar

Heidrun Bründel: Wie werden Kinder schulfähig? Was der Kindergarten leisten muss. Herder-Verlag, Freiburg 2005

Ingrid M. Naegele/Dieter Haarmann (Hrsg.): Schulanfang heute. Ein Handbuch für Elternhaus und Schule. Beltz-Verlag 1999

„Was Hänschen nicht lernt ..."" Das Lernen lernen"" – Tipps und Tricks

Elternabend für Eltern von Schulkindern

1. Einstig

* *Folie mit dem Text: „Was Hänschen nicht lernt, lernt Hans nimmermehr!""* **(M 1)**
* *Diskussion: „Stimmt das heute noch?""*
* *Impuls: Einige Aussagen.* **(M 2)**

2. Hauptteil

* Durchführung eines Lernwege-Tests. **(M3)**
* Ergebnis: Jeder Teilnehmer füllt – nach nochmaligem Vorlesen der richtigen Antworten durch den Referenten – die Matrix aus. Der Referent fragt die Teilnehmer, bei welchem Lernkanal sie am meisten, zweitmeisten, wenigsten Punkte erreicht haben (nicht wie viele).
* Vergleich mit der Statistik. **(M 4)**
* *Impuls:* Tipps und Tricks. **(M 5)**
* *Diskussion:* (Fragen, Anregungen, Meinungen ...)

3. Schluss

Eine Lernfabel über Tiere. **(M 6)**

Materialien

M 1: *Text auf Folie: „Was Hänschen nicht lernt, lernt Hans nimmermehr!"*

Aus: FOCUS, SCHULE Januar/Februar 2006

M 2: *Einige Aussagen*

„Es ist schlimm genug, rief Eduard, dass man jetzt nichts mehr für sein ganzes Leben lernen kann. Unsre Vorfahren hielten sich an den Unterricht, den sie in ihrer Jugend empfangen; wir aber müssen jetzt alle fünf Jahre umlernen, wenn wir nicht ganz aus der Mode kommen wollen." (Goethe, Die Wahlverwandtschaften)

Es mag auf den ersten Blick erstaunen, in einer Zeit zunehmender Globalisierung und gesellschaftlichen Wandels Goethe als Rechtfertigung für die Forderung heranzuziehen, dass wir alle stets weiterlernen müssen. Goethes Roman erschien 1809, im gleichen Jahr wie Wilhelm von Humboldts „Schulplan", in dem dieser seine bildungspolitischen und pädagogischen Leitziele zusammenfasste. Humboldt schrieb damals:

„Der Zweck des Schulunterrichts ist die Übung der Fähigkeiten und die Erwerbung der Kenntnisse, ohne welche wissenschaftliche Einsicht und Kunstfertigkeit unmöglich ist. Der junge Mensch ist also auf doppelte Weise, einmal mit dem Lernen selbst, dann mit dem Lernen des Lebens beschäftigt."

Man lernt nie aus

Es reicht also nicht aus, sich schulische Inhalte anzueignen, vielmehr sollte man so lernen, dass man in der Lage ist, auch nach der Schulzeit noch weiterzulernen. Lebenslanges Lernen ist als Thema damit fast 200 Jahre alt. Was zur Zeit Humboldts gültig war, ist heute noch ungleich wichtiger. Dachte man bisher, man habe einmal „ausgelernt", das erforderliche Wissen angesammelt und es sich durch einen Bildungsnachweis bestätigen lassen, so wird man schnell eines Besseren belehrt. Die Halbwertszeit des Wissens, also die Zeit, nach der die Hälfte davon bereits veraltet sein wird, verkürzt sich zunehmend. Sagte man früher, „was Hänschen nicht lernt, lernt Hans nimmermehr!", so muss diese Redensart heute folgendermaßen aktualisiert werden: „Hänschen muss lernen, dass auch Hans noch lernen muss!"

Wir brauchen ein „Standbein" und ein „Spielbein"

Je rasanter Veränderungen vonstatten gehen, umso mehr stellt sich die Frage nach dem Fundament, um mit den Veränderungen fertig zu werden. Wir brauchen gewissermaßen ein „Standbein", mit dem wir uns das Basiswissen versichern, und ein „Spielbein", um in neue Wissensbereiche gelangen zu können. Die Schule muss deshalb vor allem Wissens- und Verständnisgrundlagen, die Motivation und die Methoden vermitteln, die wir für ein freiwilliges lebensbegleitendes Weiterlernen im Erwachsenenalter benötigen.

Aus: Klaus Teichmann: „Was Hänschen nicht lernt, lernt Hans nimmermehr!" – Stimmt dies heute noch? In: Magazin Schule 2/2000, S. 29f. Hrsg.: Ministerium für Kultus, Jugend und Sport Baden-Württemberg

M 3: *Lernwege-Test*

Lernweg: Hören

Zehn Wörter langsam vorlesen (ca. 10 Sekunden).
Wörter reproduzieren lassen (ca. 20 Sekunden).

Lernweg: Lesen

Folie mit zehn Wörtern zeigen (10 Sekunden).
Wörter reproduzieren lassen (ca. 20 Sekunden).

Lernweg: Sehen

Zehn Gegenstände direkt nacheinander zeigen (ca. 10 Sekunden).
Wörter reproduzieren lassen (ca. 20 Sekunden).

Lernweg: Handeln

Zehn Wörter vorlesen. Zu jedem Wort müssen die Teilnehmer eine Zeichenbewegung machen (ca. 10 Sekunden).
Wörter reproduzieren lassen (ca. 20 Sekunden).
Vor der Reproduktion ein paar Sekunden warten.

Hören

Handtuch – Klavier – Fingerhut – Fenster – Ofen – Decke – Griff – Mantel – Rasen – Kamin

Lesen

Gabel – Kerze – Auto – Hemd – Füller – Apfel – Schaufel – Klammer – Puppe – Tasche

Sehen

Gabel – Kerze – Kugelschreiber – Tube – Löffel – Radierer – Cassette oder CD-ROM – Feuerzeug – Schlüssel – Taschentuch

Handeln

Fahrrad – Ei – Fahne – Brot – Kirche – Schere – Uhr – Lampe – Brief – Wurst

M 4: *Behalten*

20% was wir lesen,

30% was wir sehen,

50% was wir hören und sehen,

70% was wir selber sagen,

90% was wir selber tun.

M 5: *Tipps und Tricks (auf Schüler hin formuliert)*

Tipp 1:

Versuche, beim Lernen so viele Sinnesorgane wie möglich einzusetzen. Den Stoff einfach nur durchlesen, bringt gar nichts. Du könntest Vokabeln zum Beispiel auf eine Kassette sprechen und dir diese hin und wieder einmal anhören. Oft hilft es auch, wenn man den Stoff noch einmal kurz mit eigenen Worten zusammenschreibt. Diese Zusammenfassung hilft, dir schneller und leichter zu lernen. Allerdings musst du dabei Wichtiges von Unwichtigem unterscheiden können.

Tipp 2:

Mach dir kleine „Lernportionen". Teil den gesamten Stoff in Portionen auf und mach dir klar, wie viel du an den einzelnen Tagen lernen willst. So hast du einen besseren Überblick, auch wenn du einmal ganz besonders viel lernen musst. Wichtig bei dieser Methode ist allerdings, dass du früh genug mit Lernen anfängst und nicht am letzten Tag alle „Portionen" durchpaukst.

Tipp 3:

Klappt immer und überall: der Trick mit der Belohnung. Wer durch Lernen gute Noten bekommt, sollte auch dafür belohnt werden. Zum Beispiel könntest du mit deinen Eltern mehr Taschengeld aushandeln. Oder erfülle dir selbst einen kleinen Traum (die neue CD oder der neue Pullover), wenn du die Note bekommst, die du wolltest.

Tipp 4:

Ein Tipp, den dir auch Lehrer immer wieder gerne geben: Den Stoff, den du am Vormittag gelernt hast, am Nachmittag kurz wiederholen. So kannst du sicher sein, dass du auch wirklich alles verstanden und sicher in deinem Kopf verstaut hast. Außerdem ersparst du dir so jede Menge Arbeit, wenn du auf die nächste Klassenarbeit lernen musst. Dieser Tipp gilt auch für die Hausaufgaben.

Tipp 5:

Spätestens nach 45 Minuten konzentriertem Lernen solltest du eine kleine Pause einlegen. Fünf bis zehn Minuten reichen schon. Einfach einmal aufstehen und weg vom Schreibtisch. Optimal wäre, wenn du während der Pause auch ein bisschen frische Luft abbekommst. Einfach das Fenster aufmachen oder draußen einen kleinen Spaziergang machen. Hinterher hast du den Kopf auf jeden Fall wieder frei.

Tipp 6:

Schaff dir eine angenehme Atmosphäre beim Lernen. Was du vor allem brauchst: Platz. Wenn du einen Schreibtisch hast, solltest du diesen aufräumen, um besser lernen zu können. Wichtig ist auch, dass du viel Licht hast, damit sich deine Augen nicht übermäßig anstrengen müssen. Am besten ist es, wenn du mit Tageslicht lernst. In dem Fall wirst du nicht weniger schnell müde als beim Lernen im Lampenschein.

Tipp 7:

Für Ruhe sorgen! Niemand kann lernen, wenn der Fernseher an ist, die Musik läuft oder die kleinen Geschwister durchs Haus toben. Um dich besser konzentrieren zu können, machst du am besten die Zimmertür zu, damit dich niemand stört. Bei ganz hartnäckigen Fällen (zum Beispiel Verkehrslärm von draußen) können immer noch Ohrenstöpsel helfen.

Tipp 8:

Vor dem Lernen nicht allzu viel essen. Nach dem Mittagessen ist dein Körper erst mal mit Verdauen beschäftigt und hat nicht besonders viel Energie, um sich auch noch dem Lernen zuzuwenden. Nach dem Essen also immer eine Pause machen und dann erst zu den Büchern greifen. Dann bist du auch viel weniger müder als mit vollem Bauch.

Aus: Schwäbische Zeitung vom 12. Dezember 2005/287

M 6: *Zur Warnung: Eine Lernfabel über Tiere*

Es gab einst eine Zeit, da hatten die Tiere eine Schule. Das Lernen bestand aus Rennen, Klettern, Fliegen und Schwimmen und alle Tiere wurden in allen Fächern unterrichtet.

Die Ente war sehr gut im Schwimmen; besser sogar als der Lehrer. Im Fliegen war sie durchschnittlich; aber im Rennen galt sie als besonders hoffnungsloser Fall. Da sie in diesem Fach so schlechte Noten hatte, musste sie nachsitzen und den Schwimmunterricht ausfallen lassen, um das Rennen zu üben. Das tat sie so lange, bis sie auch im Schwimmen nur noch Mittelmaß war. Durchschnittsnoten aber waren akzeptabel; darum machte sich niemand Gedanken darüber. Nur die Ente selbst litt sehr unter diesen Strapazen.

Der Adler galt als Problemschüler und wurde unnachsichtig und streng gemaßregelt. In der Flugklasse schlug er alle anderen darin, ganz überlegen als Erster den Wipfel eines Baumes zu erreichen. Trotz ständiger Missbilligung seiner Flugtechnik bestand er darauf, weiterhin seine eigene Methode anzuwenden.

Das Kaninchen war anfänglich im Laufen einsam an der Spitze der Klasse. Aber es bekam einen Nervenzusammenbruch und musste von der Schule abgehen. Der viele Nachhilfeunterricht im Schwimmen blieb erfolglos und zermürbte es psychisch.

Das Eichhörnchen war Klassenbester im Klettern, aber sein Fluglehrer ließ es seine Flugstunden am Boden beginnen anstatt vom Baumwipfel herunter. Es bekam Muskelkater durch Überanstrengung bei den Startübungen und – nicht zuletzt auch wegen Frustration – bald nur noch „Dreien" im Klettern und ständig „Fünfen" im Rennen.

Die Präriehundeeltern – begabt mit Sinn fürs Praktische – gaben ihre Jungen zum Dachs in die Lehre. Die Schulbehörde hatte ihren Antrag abgelehnt, Buddeln zumindest als Wahlfach mit anzubieten.

Ein „bizarrer" Aal, der gut schwimmen und ein bisschen rennen, klettern und fliegen konnte, wurde als Schulbester ausgezeichnet. Er sollte trotz seiner Sprachdefizite die Schlussansprache halten.

Aus: Sander/Knöpfel: Wer bin ich und wer bist du? Westermann-Verlag. Braunschweig 2000, S. 277f.

Literatur

FOCUS: Themenheft Schule: Schluss mit dem Schulstress! Für Eltern und Kinder: Mit neuen Strategien entspannter lernen. Heft Nr. 1 Januar/Februar 2006

Keller, Gustav: Lehrer helfen lernen. Lernförderung, Lernhilfe, Lernberatung. Auer Verlag 1999 (5. überarbeitete Auflage)

Keller Gustav: Lernen. Denken. Entspannen. Übungen zur Förderung des Lernverhaltens. Mit 84 Kopiervorlagen für die Sekundarstufe I und II. Auer Verlag 2003 (2. überarbeitete Auflage)

„Wenn ich das nicht kriege …" – Verwöhnung in der Erziehung. Grenzen setzen, aber wie?

Elternabend im Kindergarten oder in der Grundschule

Vorbemerkungen

* Die Erzieher oder Lehrer werden vor dem Elternabend gebeten, jedes ihrer Kinder ein Bild malen zu lassen zum Thema: „Was wünsche ich mir vom Christkind/Weihnachtsmann, Osterhasen (oder zu Weihnachten, Ostern, zum Geburtstag …)?" Jahreszeit beachten. Wichtig: Anonymität! Auf der Rückseite des Bildes lediglich das Alter und Geschlecht des Kindes notieren und eventuell die Antwort auf die o.a. Frage, falls das Bild den Wunsch nicht eindeutig erkennen lässt. Man kann eventuell auch die Frage nachschieben: „Warum willst du das haben?"

* Die Erzieher oder die Lehrer stellen dem Referenten vor dem Elternabend die Zeichnungen zur Verfügung.

* Einen Stuhlkreis um eine gestaltete Mitte vorbereiten: Zum Beispiel einen Einkaufswagen mit den von den Kindern auf den Bildern dargestellten Gegenständen füllen oder mit denen, von denen die Erzieher oder Lehrer wissen, dass die Kinder sie besitzen.

1. Einstieg

* *Der Referent fordert die Teilnehmer auf, aus dem Einkaufswagen einen Gegenstand zu holen zu der Leitfrage: „Welchen Artikel will mein Kind schon lange haben?" (nicht: welchen Artikel besitzt*

92

mein Kind!). Mit den Gegenständen stellen sich die Teilnehmer vor (wie viele Kinder habe ich? Alter der Kinder? Welche Erwartungen habe ich an den Abend?).

• *Jetzt zeigt der Referent (oder zwei Erzieher/Lehrer abwechselnd) die Kinderzeichnungen und stellt die Wünsche der Kinder vor. Keine Diskussion! Fragen, Anmerkungen, Ergänzungen ... der Teilnehmer sollen aber möglich sein.*

2. Hauptteil

• *1. Impuls:* Verwöhnung in der Erziehung. **(M 1)**
• *Diskussion:* Fragen, Anmerkungen, Ergänzungen ...
• *2. Impuls:* Grenzen setzen, aber wie? **(M 2)**
• *Diskussion:* Fragen, Anmerkungen, Ergänzungen ...

---

3. Schluss

• Diareihe: „Heinrich" nach dem Bilderbuch von Max Bollinger und Jürg Obrist (Artemis Verlag) **(M 4)** oder
• „Just Do it" – Kurzfilm. **(M 5)**

Materialien

M 1: *Verwöhnung in der Erziehung*

Was ist Verwöhnung?

Ein Kind kann *materiell* verwöhnt werden mit zu viel und zu teurem Spielzeug, teurer Kleidung (Marken, die gerade „in" sind), Süßigkeiten, mit elektronischen Geräten wie TV, Stereoanlage, PC, Handy, Playstation, Computerspiele ...
Ein Kind kann *emotional* verwöhnt werden, wenn ihm alles Unangenehme abgenommen wird, es immer seinen Willen bekommt, ihm in Haushalt und Familie keine Pflichten zugemutet werden, bei Konflikten

und Schwierigkeiten immer Partei für es ergriffen und die Schuld anderen zugewiesen wird.

Warum werden Kinder materiell verwöhnt?

Wohlstand

Eltern können mit Hilfe des Kindes zeigen, dass sie „es zu etwas gebracht haben".

Negative Kindheitserfahrungen

Wenn Eltern als Kind unter materiellen Entbehrungen gelitten haben, wollen sie nun diese Erfahrung ihrem Kind ersparen. Sie erfüllen sich vielleicht Wünsche, die ihnen früher versagt geblieben sind; sie entschädigen sich im Nachhinein für frustrierende Kindheitserlebnisse. „Mein Kind soll es mal besser haben …!"

Schenken als Ersatz

Wenn Eltern keine Zeit und Geduld für ihr Kind haben, ist es bequemer, es zu beschenken als mit ihm zu spielen. Anstelle vom Äußern von Zuneigung drücken sie ihre Liebe und Sorge über materielle Dinge aus. – Wer zuwenig Zeit für sein Kind hat oder es gefühlsmäßig nicht uneingeschränkt akzeptieren kann (z.b. ungewollte Schwangerschaft, Gefühl des Freiheitsverlusts durch das Kind, das Kind ist schwierig und anstrengend, Scheidung …) versucht dieses Defizit häufig durch materielles Schenken wettzumachen und damit seine Schuldgefühle zu besänftigen.

Überbewertung von Schenken

Für manche Eltern sind Geschenke nicht nur Ausdruck und Symbol für Zuneigung, sondern geradezu eine bessere und gewichtigere Form von Liebe. Es ist eine Zuneigung, die man sehen und über die Höhe des Preises des Geschenkes messen kann. Häufig erkaufen sich Eltern, aber vor allem Großeltern, die Gunst ihrer Enkelkinder durch Geschenke.

Ausgeprägte Konsumhaltung

Erwachsene kaufen und konsumieren selbst gerne, wollen modisch und technisch immer im neuesten Trend liegen, sind anfällig für alle Arten von „Neuerscheinungen", die der Markt bietet. Kinder werden zwangsläufig in diese Haltung miteinbezogen und wachsen inmitten eines materiellen Überangebotes auf.

Konsum als Grundlage unserer Gesellschaftsordnung

Unsere Gesellschaft ist eine Konsumgesellschaft. Das Funktionieren unseres Wirtschaftssystems basiert auf einem sich ständig steigernden Produzieren und Konsumieren. Kinder sind von der Werbeindustrie schon seit langem als umsatzfördernde Käuferschicht entdeckt und werden gezielt von der Werbung angesprochen. Bereits bei Kindern im Vorschulalter wird auf diese Weise versucht, ständig neue Wünsche zu wecken. „Hast du was, dann bist du was!" Dieses Sprichwort hat noch in keiner Zeit so gegolten wie heute. Kinder lernen sehr früh, dass sie gewisse Dinge besitzen müssen, wenn sie mitreden und mit den anderen mithalten möchten.

Warum werden Kinder emotional verwöhnt?

Das Bemühen, eigene, in der Kindheit erlittene Härte zu vermeiden

Wenn Eltern in ihrer Kindheit hart erzogen wurden, neigen sie dazu, diese Härte an ihre eigenen Kinder weiterzugeben oder sie verfallen ins andere Extrem einer verwöhnenden Erziehung. Häufig wollen sie ihrem Kind das ersparen, was sie selbst erlitten haben.

Die Versorgung der Kinder ist zentraler Lebensinhalt

Für viele Frauen in der Rolle der Hausfrau und Mutter ist es schwierig, der Versuchung einer Überbehütung und Überversorgung zu entgehen. Sie tun alles für ihr Kind, ersparen ihnen die Mithilfe im Haushalt, kümmern sich um die Ordnung in Schultaschen und Kinderzimmern, stehen auf Abruf als Chauffeur bereit … „Ich bin ja den ganzen Tag zuhause. Das ist schließlich meine Aufgabe. Ich sorge gerne für andere", begründen sie ihr Verhalten.

Schuldgefühle

Auch berufstätige Mütter können ihre Kinder, zumindest phasenweise, emotional verwöhnen: „Wenn ich schon arbeiten gehe, will ich in der wenigen Zeit, die ich für das Kind habe, alles für es tun."

Eltern sind emotional von ihren Kindern abhängig

Eltern, die als Kind zu wenig Zuwendung und Liebe erfahren haben und/oder in ihrer Paarbeziehung unzufrieden sind, können in der Befriedigung ihrer emotionalen Bedürfnisse stark auf das Kind fixiert sein. Aus Angst, seine Liebe zu verlieren, vermeiden sie es, ihm Versagungen zuzumuten. Die Kinder spüren diesen wunden Punkt schnell und nutzen ihn aus. Bemerkungen wie „Wenn du mir das nicht erlaubst/kaufst, mag ich dich nicht mehr!" oder ein tiefbeleidigtes Schmollen sind für solche Eltern schier unerträglich und lassen sie erpressbar werden.

Hektik und Stress

Eltern vermeiden die Zeit und Mühe, ihre Forderungen und Grenzen konsequent durchzusetzen und geben um des momentanen lieben Friedens willen oder unter dem Druck des alltäglichen Stresses nach.

Welche Folgen haben materielle und emotionale Verwöhnung?

* Unrealistische Anspruchshaltung, Überheblichkeit,

* mangelnde Anstrengungsbereitschaft, geringe Frustrationstoleranz,

* Defizite in lebenspraktischen Dingen,

* Unselbstständigkeit, mangelndes Selbstvertrauen,

* Probleme im Kontakt mit anderen Kindern beziehungsweise mangelnde Anpassungsfähigkeit in Gruppen,

* im Extremfall: Depression, Angst, Aggressivität oder Sucht als mögliche Spätfolgen.

Aus: Eva Maria Leupold: „Wenn ich das nicht kriege …" Verwöhnung und Versagung in der Erziehung. In: kindergarten heute, Heft 6/1995, Herder, Freiburg. S. 3-11

M 3: *Grenzen setzen, aber wie?*

* *Zu weite Grenzen*

Das Kind bekommt alles was es will – nur bei Krisen erfolgen Strafen.

* *Zu enge Grenzen*

Für das Kind ist alles verboten! Übertreibungen: „Das habe ich dir schon hundertmal gesagt!" Inkonsequentes Elternverhalten, zum Beispiel Ankündigung von Folgen, aber keine Durchführung. Uneiniges Elternverhalten (Vater sagt ja, Mutter nein). Schwanken zwischen zu weiten und zu engen Grenzen, zum Beispiel „mal so, mal so", mal hart, mal weich.

* *Kritik an der Sache (Kaufverhalten),* nicht an der Person des Kindes üben.

* *Eigenes Vorbild im Konsumverhalten.*

* *Logische Folgen und natürliche Konsequenzen* bei Regelverstößen, zum Beispiel, wenn vor dem Einkaufen vereinbart wurde, dass es heute keine Süßigkeiten gibt und das Kind heimlich welche kauft, bekommt es für eine gewisse Zeit keine mehr.

* *Geld ist kein Erziehungsmittel.* Bitte vermeiden: „Wenn du nicht ..., dann bekommst du nicht." Das Ergebnis könnte sein: Moral gegen Geld.

* *Taschengeld fällt nicht vom Himmel.* Kinder sollen ruhig durch kleine Arbeiten etwas dazuverdienen.

* *Sparen und planen lernen – das hilft Wünsche erfüllen.* Wichtig ist es, Kinder so zu unterstützen, dass sie die Erfüllung von Wünschen aufschieben können. Sie brauchen Hilfe bei der Festlegung von Prioritäten.

* *Kinder sollten über ihr eigenes Geld selbst verfügen können.* Es gilt: Freiheit im Umgang mit dem eigenen Geld. Da müssen sich Eltern und andere Erziehende oft zurücknehmen. Ihren Rat können sie allerdings anbieten und ihre Meinung sollten sie sagen dürfen.

* *Kinder frühzeitig an Haushaltsfragen beteiligen.* Hier lernen Kinder planen. Wie sieht es mit den Kosten für den Urlaub aus, wie mit der neuen Anschaffung, wie viel Geld brauchen wir monatlich für den Haushalt? Kinder erfahren: Es gibt auch Grenzen.

* *Über den Einfluss der Werbung und die Wichtigkeit von Markenartikeln sprechen.* Welchen Einfluss haben Freunde? Welche Kaufzwänge gibt es?

* *Sich kritisch mit Schuldentrends auseinander setzen.* Mit Kindern darüber sprechen: Was steht dahinter, wenn es hoffähig ist, Schulden zu machen?

Aus: Kinder und Konsum. ajs-Kompaktwissen. Hrsg.: Aktion Jugendschutz, Landesarbeitsstelle Baden-Württemberg. Stuttgart o.J. (E-Mail: info@ajs-bw.de)

M 4: *Diareihe: Heinrich (Max Bollinger/Jürg Obrist, Gräfelfing 1988, 15 Dias, f., Reproduktionen)*

Heinrich, ein kleiner Prinz, wird von seinen Eltern maßlos verwöhnt. Jeder Wunsch wird ihm erfüllt. Trotz des Überangebots an Spielsachen und Geschenken ist er unglücklich. Nach kurzer Zeit legt er sie wieder beiseite. Erst als er in dem kleinen Jungen des Gärtners einen Freund findet, wird Heinrich froh und glücklich.

M 5: *„Just Do it" (Nils Gaup, Norwegen 1994, 4 Min., f., Kurzspielfilm, FSK: o.J.)*

Sehnsüchtig betrachtet ein Junge neue Nike-Turnschuhe im Kaufhaus und probiert sie an. Wie man an das Ziel seiner Wünsche kommt, beschreibt die allgegenwärtige Werbung: „Just do it!" Rasch tauscht er die eigenen verschlissenen Schuhe gegen das neue Paar. Doch die Kaufhausdetektive sind wachsam. Sie nehmen die Verfolgung auf. Die Jagd geht über Etagen und Rolltreppen des ganzen Hauses. Dem Jungen gelingt es schließlich, die Schuhe wieder zurückzutauschen und den Verfolgern ein Schnippchen zu schlagen.
Ausleih-Nummern beim Ökumenischen Medienladen Stuttgart, Telefon: 0711/22276 bis -70; Fax: 0711/22276-71 ; E-Mail: info@oekumenischer-medienladen.de; www.oekumenischer-medienladen.de (DR 2388; M 5: KF 488/VC 1141).

Literatur

Gerlinde Unverzagt/Klaus Hurrelmann: Konsumkinder. Was fehlt, wenn es an gar nichts fehlt. Freiburg 2001

Jan Uwe Rogge: Kinder brauchen Grenzen. Rowohlt (TB) 1993

„Hilf mir, es selbst zu tun!" – Kreativität im Kindergarten oder: Pauken für die Schule?

Elternabend im Kindergarten oder in der Grundschule

Vorbemerkungen

* Einen Stuhlkreis um eine gestaltete Mitte vorbereiten: Zum Beispiel einen Bauturm, andere handwerkliche oder Bastelarbeiten der Kindergruppen aufstellen; außerdem Kinderzeichnungen zum Thema: „Wie wünsche ich mir meinen Kindergarten vor?" mit dem „Gesicht" auf den Boden legen.

1. Einstieg

* *Jeder Teilnehmer holt sich eine Kinderzeichnung so, dass nur er sie sehen kann.*
* *Je zwei Teilnehmer gehen zusammen (linker und rechter Nachbar).*
* *Teilnehmer 1 schildert das Bild seinem Partner, ohne es zu zeigen (drei Minuten). Danach vergleichen die beiden Bild und Vorstellung. Welche Unterschiede gibt es und worin liegen sie?*
* *Danach schildert Teilnehmer 2 sein Bild.*
* *Kurze Rückmeldung der Erfahrungen im Kreis.*
* *Die Bilder werden wieder in den Kreis zurückgelegt.*

2. Hauptteil

* *Impuls:* Begriff Kreativität; Kreativität und Intelligenz; Kreativität und Schulfähigkeit; Beispiele für Kreativitätserziehung im Kindergarten. **(M 1 bis M 6)**

* *Vorstellung der Kinderarbeiten* durch die Erzieherinnen (siehe Vorbemerkungen; die Namen der Kinder *nicht* nennen, nur Mädchen/Junge/Alter, was zeigt das Bild/die Arbeit ...?

* *Diskussion:* Fragen, Anregungen, Ergänzungen, Stellungnahmen zum Impuls ...

---

3. Schluss

Dokumentarfilm von Miriam Brehm: „Unser Kindergarten. Wie Kinder sich ihren Kindergarten vorstellen und wünschen". DVD, 11 Min., f., D 2004. **(M 7)**

Materialien

M 1: *Lehrplan für die Kleinsten*

Die britische Regierung hat erstmals einen Lehrplan für Babys präsentiert. Kleinkinder unter drei Jahren sollen unter anderem beweisen, dass sie Symbole erkennen und Zusammenhänge begreifen können. Ab dem dritten Lebensjahr wird dann auch schon das Rechnen geübt ... Inspektoren sollen den Leistungsstand regelmäßig überprüfen. Tests sind allerdings nicht vorgesehen. Dennoch wird sorgfältig beobachtet, ob die Kinder die Lernziele erreichen. Dann wird das Prädikat „Competent Learner" verliehen. Kinderkrippen mit auffällig wenig „kompetenten Lernern" müssen mit verstärkten Besuchen rechnen. Mit den Eltern werden die Probleme dann diskutiert ...

Aus: Sindelfinger Zeitung vom 10. November 2005

M 2: *Der Kleine Prinz*

„Als ich sechs Jahre alt war, sah ich einmal in einem Buch über den
Urwald, das ‚Erlebte Geschichten' hieß, ein prächtiges Bild. Es stellte
eine Riesenschlange dar, wie sie ein Wildtier verschlang.
In dem Buche hieß es: ‚Die Boas verschlingen ihre Beute als Ganzes,
ohne sie zu zerbeißen. Daraufhin können sie sich nicht mehr rühren
und schlafen sechs Monate, um zu verdauen.'
Ich habe damals viel über die Abenteuer des Dschungels nachgedacht,
und ich vollendete mit einem Farbstift meine erste Zeichnung. Meine
Zeichnung Nr. 1. So sah sie aus:

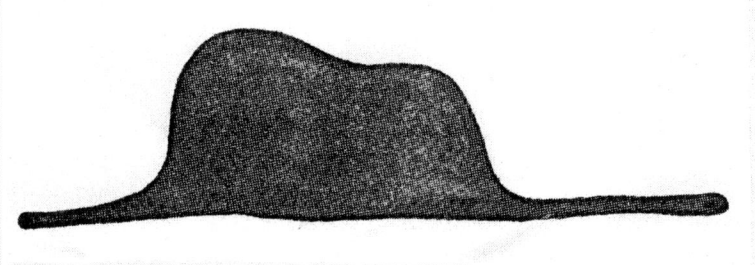

Ich habe den großen Leuten mein Meisterwerk gezeigt und sie gefragt,
ob ihnen meine Zeichnung nicht Angst mache. Sie haben mir geant-
wortet: ‚Warum sollten wir vor einem Hut Angst haben?'
Meine Zeichnung stellte aber keinen Hut dar. Sie stellte eine Riesenschlange dar, die einen Elefanten verdaut. Ich habe dann das Innere
der Boa gezeichnet, um es den großen Leuten deutlich zu machen. Sie
brauchen ja immer Erklärungen. Hier meine Zeichnung Nr. 2:

Die großen Leute haben mir geraten, mit den Zeichnungen von offenen oder geschlossenen Riesenschlangen aufzuhören und mich mehr für Geographie, Geschichte, Rechnen und Grammatik zu interessieren. So kam es, dass ich eine großartige Laufbahn, die eines Malers nämlich, bereits im Alter von sechs Jahren aufgab. Der Misserfolg meiner Zeichnungen Nr. 1 und Nr. 2 hatte mir den Mut genommen. Die großen Leute verstehen nie etwas von selbst, und für die Kinder ist es zu anstrengend, ihnen immer und immer wieder erklären zu müssen.

Ich war also gezwungen, einen anderen Beruf zu wählen, und lernte fliegen ..."

Aus: Antoine de Saint-Exupéry: Der Kleine Prinz. Bild I. Karl-Rauch-Verlag, Düsseldorf

M 3: *Kreativität*

ist eine schöpferische Kraft. Sie hilft uns, Ideen zu entwickeln und gestaltend zu verwirklichen. Kreativität ist eine Form der Intelligenz, nämlich über Gegebenheiten hinauszudenken, zu neuen Lösungen zu kommen. Ohne diese Fähigkeit hätte es wohl kaum eine Entwicklung der Menschheit gegeben. Neuere psychologische Studien zeigen, dass durch kreative Akte ein Zuwachs im Intelligenzniveau der Kinder erreicht wird. Die kognitiven Fähigkeiten der Kinder reichen allein nicht für einen erfolgreichen Schulbesuch aus! Folgende vier Bereiche sind vor allem sehr wichtig für die Schulfähigkeit; sie wird vor allem gefördert, wenn Kinder kreativ sein dürfen:

(a) Emotionale Gesichtspunkte, unter anderem die Fähigkeit von Kindern:

* Enttäuschungen zu ertragen und Versagungen auszuhalten,

* Bedürfnüsse aufzuschieben,

* zielgerichtet zu handeln,

* die Trennung von der Familie zu ertragen,

* sich in andere einfühlen zu können.

(b) Soziale Gesichtspunkte, unter anderem die Fähigkeit von Kindern:

* Sich in einer größeren Gruppe „einfügen",

* Kontakte zu anderen aufnehmen, mit ihnen zu sprechen,

* selbstständig zu handeln,

* Entscheidungen treffen zu können,

* Rücksicht auf andere zu nehmen,

* mit der Zeit umzugehen.

(c) Psychomotorische Verhaltensweisen

bezüglich der Schulfähigkeit zeigen sich besonders in feinmotorischen Leistungen (z.b. mit der Schere ausschneiden können, auf kleinen Blättern malen usw.).

(d) Kognitive Gesichtspunkte von Schulfähigkeit

sind unter anderem Fähigkeiten, Fertigkeiten und Funktionen in den Bereichen:

* optische Wahrnehmungsfähigkeit (Gliederungsfähigkeit),

* Symbolverständnis,

* Auffassung/Erfassung von Mengen,

* Aufmerksamkeitszuwendung,

* Sprachentwicklung (z.B. Verständnis von Instruktionen),

* Merkfähigkeit.

Zusammenfassung

* „Intelligenzfördernde" Medien und Materialien (Logische Blöcke, Sprachmappen, Arbeitsblätter, didaktische Spiele ...) berücksichtigen nur *einen Teil* der Schulfähigkeit; durch ihren vermehrten Gebrauch kommt es zu Isolierungstendenzen einzelner Teilfähigkeiten, die Kinder verunsichern und in ihrer intellektuellen Entwicklung hemmen können!

- Der häufig aufgestellte Gegensatz von „intellektuellem Lernen" zu „Spiel" ist falsch! Spielen und Lernen gehören untrennbar zusammen.

- Wenn Intelligenz als Fähigkeit verstanden wird, das Denken auf neue Forderungen einzustellen, so sagt es noch nichts über das reale Leistungsverhalten aus! Das Problem der „intelligenten Schulversager" ist ja weitgehend bekannt und macht daher deutlich, dass es primär darauf ankommt, *initiativ und eigenaktiv zu handeln.*

- Andressiertes Wissen ist problematisch, weil es die Gefahr in sich birgt, kindliches Denken aus seinem inneren Erleben *herauszureißen.* Kindliches Denken ist von *innen* gesteuert! Durch andressiertes Wissen werden wichtige Eigenschaften für späteres Lernen unterdrückt, ja erstickt, wie zum Beispiel Lernbereitschaft, Lust am Lernen und Liebe zum Lernen.

- Es ist gerade nicht so, dass *die* Kinder am tüchtigsten in der Schule sind, die möglichst früh an alles herangeführt werden, sondern die Kinder, die ausgiebig spielen konnten; *„vorgebildete Kinder"* lernen in der Schule *nicht* leichter – oft sogar das Gegenteil! Kinder, die schon „vorschulisch" gelernt haben, kennen bereits bestimmte Aufgaben/Anforderungen und werden beziehungsweise sind unaufmerksam, weil Interesse und Anreiz verloren gehen.

M 4: *Interview mit dem Hirnforscher Norbert Herschkowi*

In Deutschland ist er Ruf nach einer verstärkten Vorschulbildung laut geworden. Kann es auch ein zu viel an frühkindlicher Förderung geben?

Die Zeit, in der wir streng zwischen Spielen und Lernen unterschieden, ist vorbei. Früher war es den Kindern quasi verboten, im Kindergarten Buchstaben zu lesen, denn sie sollten Kinder sein und spielen. Vom Gehirn aus gesehen ist zwischen Spielen und Lernen kein entscheidender Unterschied. Man lernt spielen, und man spielt lernen. Aber: Das Interesse sollte vom Kind ausgehen.

Gibt es Leitlinien für die Erziehung in den ersten Lebensjahren des Kindes?

In den ersten sechs Lebensjahren sollten Eltern folgende Fähigkeiten fördern: Ein Kind soll Freude haben und fähig sein, persönliche Beziehungen aufzubauen. Werte sollen entwickelt werden. Ein Kind soll lernen, Ziele zu setzen und durchzuhalten. Es soll lernen, Frustrationen zu überwinden. Kreativ handeln, nicht einfach nur konsumieren. Schließlich soll ein Kind auch lernen, Verantwortung, Verantwortung für sich und andere zu übernehmen.

Aus aus dem Interview: Kinder lernen am besten durch eigene Entdeckungen und Fehler. In: Kath. Sonntagsblatt der Diözese Rottenburg-Stuttgart, Nr. 37/2004, Schwabenverlag, Ostfildern, S. 25

M 5: *Kreativitätserziehung*

heißt im weitesten Sinne, Denkprozesse anzuregen und Kinder zu unterstützen, Lösungen und Probleme und Aufgaben zu suchen. Im Alltag ergeben sich unzählige Chancen, bei jedem Streit, jedem Vorhaben, egal ob Kinder etwas bauen wollen oder ob ein Ausflug ansteht. Das *Gestalten* eignet sich in besonderer Weise, um Kreativität einzuüben. Jedes neue Material, jede neue Idee fordert zwangsläufig, bekannte Lösungsmöglichkeiten neu zu kombinieren. Und neues Können erweitert wieder die Möglichkeiten. Schablonen dürften unter diesem Aspekt nicht eingesetzt werden, denn Kreativität heißt ja gerade nicht, „in Schablonen zu denken".

M 6: *Beispiele für Kreativitätserziehung im Kindergarten*

(Dieser Teil kann kurz gehalten werden, wenn die Erzieher die kreativen Arbeiten ihrer Kinder vorher schon ausführlich vorgestellt haben.)

Die Kinderzeichnung

Ein Kind zeichnet, *was es weiß* und nicht, was es sieht. So zeichnet es zum Beispiel die Knochen im Körper oder es lässt Details weg, die für es keine Bedeutung haben, zum Beispiel die Nasenlöcher. Wichtiges wird groß gezeichnet und zeigt die individuelle Wertigkeit für das zeichnende Kind.

Methoden der Kreativitätserziehung

Vorbereitete Umgebung
Verschiedene Papierarten in unterschiedlichen Formaten, Scheren, Klebstoff, Papierschnipsel, Stoffreste, Wolle, Glitzermaterial in Materialschalen, verschiedene Druckstöcke usw., Schachteln, Kartons und Pappstreifen regen zum räumlichen Gestalten an.

Der Sandtisch
Für Sand- und Wasserspiele: Matschen, Schöpfen, Gießen und das Formen mit und Malen im Sand.

Legematerial
Zum Beispiel Muggelsteine, Legestäbchen, Legetäfelchen, Trapeze, glänzende Glassteine … Es können Lebensformen (Haus, Wiese, Blumen), Schönheitsformen (gegenstandsfreie Muster mit Wiederholungen in der Farbe oder der Raumlage) oder Erkenntnisformen (Flächenaufteilungen und kleinere Elemente in einer größeren Form) sein.

Naturmaterial
Moos, Eicheln, Bucheckern, Kastanien, Steine, Schneckenhäuser, Stöckchen, Pfirsichkerne, Sand und als Legeunterlage ein Tablett, ein großer Kartondeckel, ein Tuch. Kinder gestalten kleine Landschaften oder zum Beispiel ein Szenenbild zu einem Märchen.

Auffädeln, weben, sticken
Perlen und bunte Wolle/Baumwolle haben einen hohen Aufforderungscharakter.

Kartons
in allen Größen regen die Phantasie der Kinder zum Gestalten an und münden in der Regel ins Spiel (kleine Schachteln = Flugzeug, Großkarton = ein Spielhaus). Kartons können auch Raumschiffe sein und Kinder spielen ihre Fernseherlebnisse nach.

Alltagsmaterial
Zum Beispiel Fundstücke aus dem Sperrmüll, die angestrichen und beispielsweise zu einer Figur zusammengebaut werden können.

Farbspiele und Sachbilderbücher
zum Thema Kunst. Zufallstechniken, zum Beispiel die Murmel-, Faden-, Klapp-, Abrieb-, Bügel- und Spritztechnik, das Nass-in-Nass-Malen ...

Falten, Schneidetechniken
Zum Beispiel abschneiden, einschneiden, ausschneiden gerade/rund.

Strukturen und Formen entdecken
Abriebtechnik mit Stoff, Teppich, Brett, Münzen; Glas als Untergrund zum Malen erproben; Bilder (Geschenkpapier) spachteln; geometrische Formen finden in Körpern; Formen in der Umwelt finden (Blätter, Bäume, Autos, Flugzeuge, Gebäude ...); Collagen herstellen; Falten; Objekte aus fertigen Formen montieren; Werke von Künstlern betrachten (Kunstwerke in der Umgebung ...). Kinder besuchen zum Beispiel einen Künstler in seinem Atelier und laden ihn ein zu einem gemeinsamen Tun im Kindergarten.

Aus: Rainer Jaszus/Irmgard Büchin-Wilhelm/Martina Mäder-Berg/Wolfgang Gutmann: Sozialpädagogische Lernfelder für Erzieherinnen 1BKSP. Holland+Losenhans Verlag, Stuttgart 2004, S. 216-225 und

Armin Krenz/Heidi Rönnau: Entwicklung und Lernen im Kindergarten. Psychologische Aspekte und pädagogische Hinweise für die Praxis. praxisbuch kindergarten. Herder-Verlag, Freiburg 1985, 7. Auflage 1997, S. 102ff.

M 7: *Dokumentarfilm: Unser Kindergarten*

Wie erleben Kinder ihren Kindergarten? Und wie stellen sie sich ihren Wunschkindergarten vor? In einem Projekt des ev. Kindergartens Stuttgart-Botnang präsentieren Kinder ihre Einrichtung und äußern ihre Vorstellungen davon, wie er sein sollte.
Ausleih-Nummer: DVK 075 beim Ökumenischen Medienladen Stuttgart: E-Mail: info@oekumenischer-medienladen.de; www.oekumenischer-medienladen.de.

Literatur

Ingeborg Becker-Textor: Kreativität im Kindergarten. Anleitung zur kindgemäßen Intelligenzförderung. praxisbuch kindergarten. Herder-Verlag, Freiburg 1988 (2. Auflage)
Wird nicht mehr aufgelegt; antiquarisch oder in Bibliotheken vorhanden.

Detlev Vogel: Kinder brauchen Liebe und Freiheit. Was Maria Montessori zu PISA gesagt hätte. In: kindergarten heute, Herder-Verlag, Freiburg, Heft 6/2002, S. 6-12

3. Religionspädagogische Themen

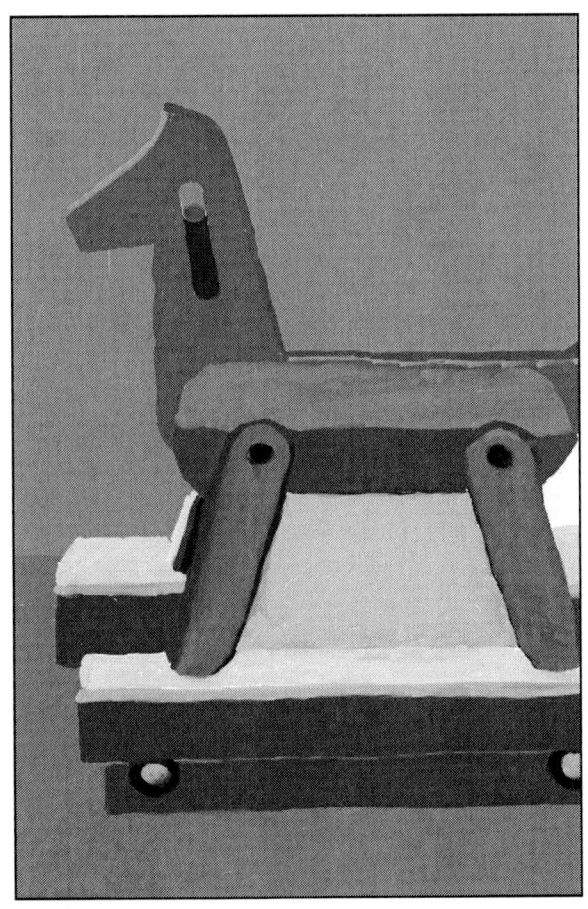

„Wieso lässt Gott das zu? – Kinder fragen nach Leid, Sterben und Tod

Elternabend im Kindergarten, der Grundschule und Sekundarstufe I

Vorbemerkungen

Einen Stuhlkreis um eine gestaltete Mitte vorbereiten: Zum Beispiel Plakate zum Thema: „Weihnachten 2004 – Tsunami in Indien – Tausende Tote") oder aktuelle Berichte aus der Zeitung über eine Katastrophe wie der Halleneinsturz in Bad Reichenhall oder „Unfalltod der Mutter stürzt neun Kinder ins Unglück" … **(M1)**
Um diese Mitte herum liegen *Kinderfragen und -antworten*:

* Wenn es einen „lieben Gott" gibt, warum macht er dann Krieg?

* Der liebe Gott kann doch alles, warum macht er dann die Menschen krank?

* Ihr sagt doch, Gott sei „allmächtig", warum lässt er die Menschen dann so leiden?

* Ich habe mit meiner Mama gebetet, dass unser Papa wieder gesund wird und er ist trotzdem gestorben.

* Anstatt die Menschen sterben zu lassen und neue in die Welt zu setzen, könntest Du doch die schon vorhandenen am Leben erhalten.

* Wieso hast du nicht verhindert, dass meine Katze überfahren wurde?

* Wieso will meine Freundin nichts mehr mit mir zu tun haben, lieber Gott?

- Wieso lässt du so viele Kinder auf der Welt verhungern?
- Wieso ist mein Freund bei einem Verkehrsunfall gestorben?
- Gott haut nicht ab, wenn es dunkel wird.
- Warum mussten so viele Menschen bei der Flutwelle in Indien sterben?

Am besten wäre es, wenn die Kinder vorher ihre Fragen an den „lieben Gott" selbst auf ein Blatt schreiben würden („Welche Fragen habe ich an den ,lieben Gott'"? Oder: „Was ich dich schon immer mal fragen wollte").

- Bevor die Teilnehmer den Raum betreten, wird ein Foto an die Wand projiziert mit zum Beispiel einer weinenden Mutter, jemandem, der ein Kind rettet oder zu einem ähnlichen Thema. **(M 2)**

1. Einstieg

Die Teilnehmer werden gebeten, aus der Mitte eine Kinderfrage oder eine Kinderantwort zu holen und sich damit vorzustellen: Name, Anzahl der Kinder (Junge/Mädchen); wieso habe ich diese Frage ... ausgesucht? Wer will, kann eigene Erfahrungen zum Thema einbringen.

2. Hauptteil

- *Impuls* zum Thema. **(M 3)**
- *Diskussion:* (Fragen, Anregungen, Ergänzungen, andere Meinungen ...).

3. Schluss

- Kinderlied: „Ich bete, wenn ich traurig bin" **(M 4)** oder
- Bilderbuch: „Abschied von Rune". **(M 5)**

Materialien

M 1: *Gesammelte Zeitungsausschnitte*

M 2: *Ein vorher ausgesuchtes Foto*

M 3: *Wieso lässt Gott das zu? Kinder fragen nach Leid, Sterben und Tod*

Gespräche zwischen Fynn und Anna (in: Fynn: „Hallo Mr. Gott, hier spricht Anna")

„Glaubst du, dass Mister Gott uns wirklich lieb hat?"
„Klar", sagte ich. „Er hat überhaupt alles lieb."
„Warum gehen dann Sachen kaputt oder tot?"
„Keine Ahnung", sagte ich. „Gibt 'nen Haufen Sachen, die wir nicht wissen." „Wenn wir aber so viele Sachen nicht wissen, warum wissen wir denn, dass Mister Gott uns lieb hat?"
Anna war in Eile und verlangte nicht sofort eine Antwort, denn sie fuhr fort: „Also die Bublubbs hab ich ganz furchtbar lieb." (Das waren die komischen Winzlinge, die sie unter dem Mikroskop gesehen hat.) „Aber die Bublubbs wissen das kein bisschen, dass ich sie so lieb hab, nicht? Ich bin millionen- und millionenmal größer als die Bublubbs, und Mister Gott is millionenmal größer als ich. Warum weiß ich, was er macht? Und warum wissen die Bublubbs nicht, was ich mach?"...
„Fynn. Mister Gott hat uns nicht lieb." Sie zögerte. „Bestimmt nicht, verstehst du? Bloß Leute können lieb haben. Ich hab Bossy lieb, aber Bossy hat mich nicht lieb. Ich lieb die Blubblubbs, aber sie mich nicht. Ich hab dich lieb, Fynn, und du hast mich lieb."
Ich legte den Arm um sie. Sie sagte: „Du hast mich lieb, weil du Fynn bist, so wie ich Anna. Und ich lieb Mister Gott, aber er mich nicht." ...
„Er hat mich nicht so lieb wie du, es ist bloß anders, nämlich millionenmal größer." ... „Fynn, du hast mich lieber als irgendwer sonst, und ich hab dich auch lieber als irgendwer sonst. Aber mit Mister Gott ist das anders. Siehst du, Fynn, Leute lieben von außen rein, und sie können von außen küssen, aber Mister Gott liebt dich von innen drin und kann dich von innen küssen, darum isses anders. Mister Gott is nicht wie wir. Wir sind bloß ein bisschen wie er. Aber nicht sehr viel."

„Fratz, warum hast du Mister Gott gebeten, er soll dir beibringen, wie man richtig fragt?"

„Och, das ist bloß traurig ... sonst nichts."

„Was ist traurig?"

„Na, die Menschen eben."

„Und was ist traurig mit den Menschen?"

„Ich denke immer, Menschen sollten klüger und klüger werden, je älter sie werden. Bossy und Patch werden immer klüger, aber Menschen nicht. Das finde ich traurig."

„Glaubst du das wirklich?"

„Ja. Die Schachteln von Menschen werden immer kleiner."

„Was für Schachteln?"

„Ich hab mir gedacht, jede Frage liegt in einer Schachtel, und die Antworten, die die Menschen kriegen, die sind immer ganz genauso groß wie die Schachtel, wo die Frage drin ist. Das ist so wie mit den Dimensionen, weißt du noch? Wenn du eine Frage mit zwei Dimensionen hast, dann kriegst du auch so eine Antwort mit zwei Dimensionen. Das ist alles fest eingesperrt, eben wie in einer Schachtel."

„Ich glaube, ich weiß ungefähr, was du meinst."

„Die Antwort ist immer so groß wie die Schachtel, und dann ist Schluss. Mehr kriegt man nicht."

Von Anna: Wenn ich sterbe ...

Wenn ich sterbe,
Dann tu ich das selber.
Niemand tut es für mich.
Wenn es soweit ist,
Dann sag ich:
„Fynn, stell mich ihn."
Und dann guck ich rum.
Und dann lach ich.
Dann fall ich hin
Und bin tot.

Die Textauszüge stammen aus dem Bestseller: Fynn, „Hallo, Mister Gott, hier spricht Anna". Der anonyme Verfasser wird vom Verlag als „ein irischer Mathematiker" ausgegeben, der „diese wahre Geschichte von Anna" aufgeschrieben habe „als zauberhaftes, tröstliches und sehr poetisches Lehrbuch für uns alle". Anna wird im Buch als ein pfiffiges Grundschulkind beschrieben, begabt mit jener religiösen und philosophischen Intuition, mit der manche Kinder der üblichen Erwachsenenwelt überlegen sind.

Was man alles mit Gott machen kann

Man kann Gott verantwortlich machen für Hunger und Elend.

Man kann Gott leugnen, weil er sich nicht sehen lässt und Unglück nicht verhindert.

Man kann Gott mieten zu besonderen Anlässen: Er dient der Feierlichkeit und dem Umsatz ...

Man kann im Namen Gottes Kriege führen, Menschen töten und sagen, das sei Gottes Wille.

Man kann mit dem Ruf „Gott will es!" Angriffe als Kreuzzüge tarnen und auf Soldatenuniformen „Gott mit uns" schreiben.

Das alles aber ist gott-los. Man kann mit Gott nichts „machen", weder ihn gebrauchen noch ausnutzen, denn Gott ist Liebe, und daran hat nur Anteil, wer diese Liebe in sich selbst groß werden lässt.

Liebe verträgt sich nicht mit der Macht. Die Gott zugeschriebene „Allmacht" entstellt unser Gottesbild. Gott hat keinen anderen Willen als die Gesetze der Natur und des Lebens. Gott verursacht nicht unser Unglück. Krankheiten, Unfälle, Katastrophen fordern zur Liebe heraus. Wir finden den Ort Gottes in der Ohnmacht des Mitmenschen, nicht in einer Macht über uns ...

„Gott lässt sich aus der Welt herausdrängen ans Kreuz, Gott ist ohnmächtig und schwach in der Welt und gerade und nur so ist er bei uns und hilft uns" (Dietrich Bonhöffer, 1944 aus einem Berliner Gefängnis, kurz vor seiner Hinrichtung).

Aus: Hubertus Halbfas. Religionsbuch für das 7./8. Schuljahr, Patmos-Verlag, Düsseldorf 1990, S. 193

„Gott leidet selbst, wenn Menschen leiden und will für sie leiden; dies zeigt das Kreuz. Gott ist Liebe und darum mit uns ohnmächtig. Nicht die Überlegenheit seiner abstrakt gedachten Allmacht, sondern die Barmherzigkeit seiner konkret gespürten Ohnmacht gibt, paradox genug, Halt."

Aus: Ernst Nipkow: Erwachsenwerden ohne Gott? Gotteserfahrung im Lebenslauf. Chr. Kaiser Verlag, München 1987, S. 59

„Mein Gott, mein Gott, warum hast du mich verlassen?"

Mit diesem Todesschrei auf den Lippen (Anfang von Ps 22) stirbt Jesus (Mk 15, 33). Wenn ich früher im Religionsunterricht die Passion Jesu „behandelte", war das Ergebnis: Jesus stirbt in die Gottverlassenheit hinein (so wie es viele Theologen behaupten). Einmal fragte mich eine Schülerin: „Haben Sie den Psalm 22 ganz gelesen?" Ich redete mich heraus und stellte dann beim späteren Lesen fest, dass dieser Psalm mit einem Lobpreis endet (VV 23ff.: „Herr du hast mich erhört!" ... Er wandte sich nicht ab von mir, sondern hörte auf meinen Hilferuf. Darum danke ich dir, Herr vor der ganzen Gemeinde ..."
Jesus hat im Todeskampf an seinem Gott festgehalten und hätte ihn gepriesen und ihm gedankt, wenn er den Psalm bis zum Ende hätte beten können. (Es ist davon auszugehen, dass Jesus als Jude die Psalmen auswendig kannte.) Im Übrigen weist Pinchas Lapide darauf hin, dass die richtige Übersetzung heißen müsste: „Wozu hast du mich verlassen?" (Pinchas Lapide: Starb Jesus in Verzweiflung? In: Er wandelte nicht auf dem Meer. Ein jüdischer Theologe liest die Evangelien. GTB-Siebenstern-Tb 1984).
Auch Paulus schreibt in Todesgefahr aus dem Gefängnis: „Kann uns dann noch jemand von Christus und seiner Liebe trennen? Etwa Leiden, Not, Verfolgung, Hunger, Entbehrung, Gefahr oder Tod?" (Röm 8, 35ff.). „Ich bin gewiss, dass uns nichts von dieser Liebe trennen kann ..."

Wie mit Kindern über Leid und Tod sprechen?

Der Religionspädagoge Albert Biesinger schlägt vor:
Man sollte mit Kindern in Gebeten ausdrücken, dass wir Gott um seine Geborgenheit und seinen Schutz bitten, gerade in den Situationen, wo es kritisch wird. Und dass wir manchmal einfach nur die Situationen annehmen müssen, weil es gar keine Alternative gibt.
Mit Kindern rechtzeitig darüber zu sprechen, dass zum Leben auch Leid und Tränen gehören.
Nirgendwo in der Bibel wird uns versprochen, dass es ein Leben ohne Leid gibt. Jesus hat geweint, als sein Freund Lazarus gestorben ist. Wir wissen, dass Jesus viel gelitten hat und dass sein Leben kein leichter Spaziergang geworden ist.

Zu unserem menschlichen Leben gehört ganz einfach das Leid dazu. Es gibt kein Leben ohne das Sterben. Das Einzige was wir sicher wissen ist, dass wir sterben müssen.

Manchmal geht es uns ja auch wie es Jesus gegangen ist: „Lasse diesen Kelch an mir vorübergehen." Manchmal geht er vorüber, manchmal müssen wir ihn trinken. Ohne den Prozess der Verwandlung im Tod gibt es kein ewiges Leben. Mit meinem jetzigen Körper kann ich unmöglich ewig leben.

Ist Sterben also die Bedingung oder gar eine Eintrittskarte in den Prozess der Auferstehung, der uns von Gott her verheißen ist? Oder noch intensiver gesagt, auch etwas ironisch: Die Christen reden davon, wie schön es einmal im Paradies sein wird, aber keiner will dahin. Es ist ja schon erstaunlich: Wenn wir an eine große Zukunft über den Tod hinaus glauben, die Gott für uns schaffen will, dann dürfte es schließlich nicht so viel Angst vor dem Tod und dem, was uns danach erwartet, geben.

Aus: Albert Biesinger: Gott haut nicht ab, wenn es dunkel wird. In: Kath. Sonntagsblatt der Diözese Rottenburg-Stuttgart, Nr. 18/2003, Schwabenverlag, Stuttgart, S. 6ff.

Eine sehr praktische Hilfestellung

wie man mit Kindern über den Tod sprechen kann, gibt Helga Kohler-Spiegel:

Wir lernen an den „kleinen Toden" z.B. Abschied nehmen von der Spielgruppe, vom Kindergarten, von Freunden bei einem Ortswechsel, wenn ein Haustier stirbt, wenn Eltern sich trennen.

Gefühle brauchen Ausdruck. Die Kinder dürfen ihre Gefühle zeigen wie Wut, Ohnmacht, Traurigkeit, Ärger und Schuldgefühle, Fröhlichkeit … Das erfordert von Erwachsenen, die eigenen Gefühle zuzulassen.

Was ist im Gespräch mit Kindern zu beachten?

Es gibt *keine fixen Regeln*, wie wir mit Kindern über Tod und Trauer reden sollen. Sicher ist aber, dass Kinder erwachsene Personen brauchen, die selbst Gefühle haben – und Worte dafür, die Halt und Sicherheit geben, die sich in der Trauer nicht zurückziehen vom Kind. Kinder müssen über Todesfälle in der eigenen Familie und im Freundeskreis informiert werden.

Bei *Fragen des Kindes* gilt es *zuzuhören und zu verstehen*, was das Kind beschäftigt, und es muss spüren, dass auch seine Gefühle ernst genommen werden. Manche Fragen können Erwachsene beantworten, andere regen zum Gespräch an, um gemeinsam nach Antworten zu suchen, miteinander zu überlegen: Ich stelle mir das Leben nach dem Tod so vor, ich glaube so … Was denkst du?

Klare Worte sind wichtig, verschleiernde Worte verwirren das Kind. Sätze wie „Gott hat die Oma zu sich geholt" können dem Kind Angst machen; ein ambivalentes Gottesbild, dass Gott geliebte Menschen von uns wegholt, kann ein Kind nicht oder nur schwer einordnen. Begriffe wie „schlafen" oder „eine Reise machen" verschleiern das Sterben ebenfalls und können dem Kind Angst machen.

Trauer braucht Zeit, Trauer braucht Stille. Darin können Erinnerungen ihren Platz haben, darin können Tränen fließen, aber auch Zorn und Alleinsein Platz haben. So bekommen Kinder genügend Gelegenheit, ihre Gefühle über einen Verlust zu zeigen und „durchzuarbeiten".

Rituale helfen, den Verstorbenen ins Leben einzubeziehen, sie können die Lebenden mit den Verstorbenen verbinden, indem eine Kerze angezündet wird, ein guter Gedanke an den Verstorbenen geschickt wird.

Aus: Helga Kohl-Spiegel: Wie man mit Kindern über den Tod sprechen kann. In: Kath. Sonntagsblatt der Diözese Rottenburg-Stuttgart, a.a.O., Nr. 46/2005, S. 22ff.

M 4: *Kinderlied: „Ich bete, wenn ich traurig bin"*

T: Andreas Malessa; M: Dieter Falk/Andreas Malessa; © Pila Music in CD: Die Regenbogenkinder. Herzlichen Glückwunsch. Erhältlich bei Arno's Bauchladen; Tel. 05677-1343; Bauchladen@Arno-Backhaus.de; www.Arno-Bakchaus.de; web-shop: www.arnobackhaus.de

Heut wurde Flocki überfahrn,
der Hund von gegenüber.
Ich hab den ganzen Tag geweint,
denn Flocki war mir wie ein Freund.

Warum ist das geschehen?

Im Krankenhaus in unsrer Stadt,
da liegen viele Kinder.
Die können nie zum Spielen raus,
und manche halten Schmerzen aus.
Warum muss das geschehen?

Ich bete, wenn ich traurig bin.
Sag Jesus meine Fragen.
Gib uns doch einen kleinen Hund
und mach die Kinder bald gesund.
Hilf mir, dich zu verstehen.

M 5: *Abschied von Rune*

Bilderbuch von Wenche Oyen/Marit Kaldhol. Ellermann-Verlag. München 1987 (Erstausgabe) – Deutscher Jugendliteraturpreis
Auf einfühlsame, doch auf unsentimentale Weise befasst sich dieses Bilderbuch mit einem heiklen Thema. In einem kleinen norwegischen Küstenort muss Sara mit ansehen, wie ihr Freund Rune beim Spielen ertrinkt. Sara erlebt die Riten der Beerdigung in der Kirche und auf dem Friedhof. Mit Hilfe ihrer Mutter kann sie das Gesehene verarbeiten: „... denn wenn wir an ihn denken, können wir ihn ja in uns drin sehen." Die tiefe Erschütterung des Mädchens wird in der Gestaltung der Aquarelle spürbar. Nach Runes Tod beginnt Saras Trauerarbeit. Ihre Gedanken „kreisen" um Rune – bildlich in den runden schwarz-weißen Vignetten veranschaulicht. Die letzte Abbildung symbolisiert die bewältigte Trauerarbeit: sie zeigt – wieder in Farbe – den Grabstein Runes, vor dem ein Blumenstrauß steht.
Das Bilderbuch ist auch erhältlich als Diareihe: DR 2393; Ökumenischer Medienladen Stuttgart; Tel. 0711/22276-67; info@oekumenischer-medienladen.de; www.oekumenischer-medienladen.de.

Literatur und Medien

Albert Biesinger/Thomas Hessler: Gott mit neuen Augen sehen. Familiengeschenkbuch zur Erstkommunion. Kösel-Verlag, München 2001
Die Formulierung „Gott haut nicht ab, wenn es dunkel wird" ist in diesem Buch näher erläutert.

Johannes B. Brantschen: Warum lässt der gute Gott uns leiden? Herder-Verlag, Freiburg 1986 (Erstausgabe); 1995 (2. Aufl. Neuausgabe)
Johannes B. Brantschen gibt keine vorschnellen Antworten. Er löst das Geheimnis nicht auf. Aber er zeigt Möglichkeiten, die Christen haben, um dem Leid zu begegnen: Widerstand dort, wo es gilt, vermeidbares Leiden abzuschaffen; Ergebung und aktive Annahme dort, wo das Leiden nicht überwunden, sondern nur ertragen und im Licht der Auferstehung Christi in Hoffnung verwandelt werden kann.

Fynn „Hallo Mister Gott, hier spricht Anna". Fischer Taschenbuch Verlag, Frankfurt a.M. 1978 (Erstausgabe)
Ich halte es geradezu für eine Pflichtlektüre, dieses Kinderbuch zu lesen, wenn es um dieses Thema geht. Sehr beeindruckend ist, wie Fynn mit Gott jahrelang rechtet, weil er nicht den tödlichen Sturz seiner geliebten Anna verhindert hat. Schließlich kann er sie „loslassen". Fynn, nach fünf Jahren am Grabstein: „Ich hatte sie wiedergefunden. Und ich war sicher, irgendwo saßen Mister Gott und Anna nebeneinander und lachten." Ich habe die Erfahrung bei Elternabenden gemacht: Immer wenn ich Textauszüge aus diesem Büchlein vorlas, waren die Teilnehmer mucksmäuschenstill. Ich selbst war gerührt.
Ausleihbar auch als CDR 073 im Ökumenischen Medienladen Stuttgart a.a.O.

Hubertus Halbfas: Leiden an Gott. Die Theodizee-Frage. In: Religionsunterricht in Sekundarschulen. Lehrerhandbuch 8. Patmos-Verlag, Düsseldorf 1995, S. 282ff.

Reinhard Hempelmann/Werner Brändle: Allmächtig, unfehlbar, apathisch? Theodizee als Frage nach Gott. In: Zeitschrift für Religions- und Welanschauungsfragen, Heft 3/2005, Hrsg.: Ev. Zentralstelle für Weltanschauungsfragen. EKD Verlag, Hannover, S. 83-90

Als Versuch einer „Antwort" werden die Aussagen des Hiobbuches und der Passion Jesu Christi ausgeführt und eine „Hoffnung auf Erlösung" herausgearbeitet. Dietrich Bonhoeffer: „Christen stehen bei Gott in Seinem Leiden".

Max Kronawitter: Streit mit Gott. Ein Dokumentarfilm, 29 Min., f. D 2004
Eigentlich war seine kirchliche Karriere vorprogrammiert: Studium in Rom, Promotion, Berufung zum Herausgeber einer Jugendzeitschrift, doch dann kam der Schock: Pfarrer Mayr sollte nie wieder laufen können. Er wollte es nicht glauben. Konnte Gott so grausam zu einem Priester sein? Seitdem traut Pfarrer Mayer Gott auch Schlimmes zu. Vom „lieben Gott" mag er nicht mehr reden. Dafür aber von einem Gott, der viel größer ist als die Wünsche der Menschen. Der Film beschreibt, wie ein Schicksal das Gottesbild eines Menschen radikal in Frage stellen kann. Er macht aber auch deutlich, wie sich die Katastrophe eines Menschen in Kraft und Stärke verwandeln kann.
VC 3006: Auszuleihen beim Ökumenischen Medienladen Stuttgart a.a.O.

Meinrad Limbeck: Gott, der Allmächtige. In: Kath. Sonntagsblatt der Diözese Rottenburg-Stuttgart, Nr. 41/2002, S. 28-29
Ist Gott allmächtig? Wenn wir auf die Bibel hören, kann es nur um die Frage gehen: Traue ich, trauen wir Gott auch noch in dunklen Situationen die Macht zu, dem oder den Betroffenen eine Zukunft zu schenken.

Meinrad Limbeck: Von Gott verlassen? In: Kath. Sonntagsblatt der Diözese Rottenburg-Stuttgart, a.a.O, S. 26-27
Die Grundbotschaft des Alten und des Neuen Testaments ist: Gott will von sich aus zu keiner Zeit irgendetwas Böses für den Menschen.

Ralph Sauer: Kinder fragen nach dem Leid. Hilfen für das Gespräch. Herder-Verlag, Freiburg 1986
Kinder beginnen sehr früh, nach dem Sinn des Leidens und des Todes zu fragen. Wie sollen Eltern und Erzieher auf solche Fragen reagieren, ohne die Kinder zu überfordern, aber auch ohne dem Thema auszuweichen oder es zu verharmlosen? Ralph Sauer bietet praktische Hil-

fen an und zeigt, wie Erwachsene sachgemäß, situationsgerecht und vor allem kindgemäß auf die Fragen ihrer Kinder nach dem Sinn des Leidens und des Todes eingehen können. Anhand vieler Beispiele widerlegt er den „Mythos von der glücklichen Kindheit" und beschreibt Situationen, in denen Kinder konkret Leid erfahren. Er fasst die Antworten zusammen, die Theologie, Geistesgeschichte und Literatur auf die Frage „Gott und das Leid" bisher gegeben haben, und gibt eine Fülle konkreter Anregungen, wie Kindern geholfen werden kann, dem Leiden und dem Tod zu begegnen und sie positiv zu bewältigen.

Das Buch ist vergriffen, nur noch antiquarisch oder in Bibliotheken zu haben.

„Bist du wirklich lieb, lieber Gott?"
– Gottesbilder unserer Kinder
und wie sie entstehen

Elternarbend im Kindergarten und in der Grundschule

Vorbemerkungen

- Die Kinder der Gruppe/Klasse werden aufgefordert, vor dem Elternabend ein Bild zu malen: „So stelle ich mir Gott vor ..." (Auf der Rückseite festhalten: Alter des Kindes, Junge/Mädchen, eventuell auch: Was stellt das Bild dar?)

- Einen Stuhlkreis um eine gestaltete Mitte vorbereiten: Zum Beispiel etwas erhöht eine aufgeschlagene Bibel, beispielsweise diese von Sieger Köder mit dem Bild „Der verlorene Sohn" (S. 1072). **(M 3)** Um die Mitte herum liegen die Bilder der Kinder.

- Bevor die Teilnehmer den Raum betreten, ist das Bild des Andreas an die Wand projiziert: Gott als Marionettenspieler. **(M 1)**

1. Einstieg

Die Teilnehmer werden aufgefordert, sich aus der Mitte ein Bild zu holen, das sie nach dem ersten Eindruck sofort anspricht. Mit diesem Bild stellen sie sich in der Runde vor: Name, Anzahl der Kinder (Jungen/Mädchen); warum habe ich dieses Bild ausgewählt? Was sagt das Kind zu seinem Bild? (Bei Unklarheiten eventuell Ergänzungen durch den Erzieher oder Lehrer.)

Ergänzend kann die Geschichte der fünfjährigen Anna zu ihrem Bild vorgelesen werden (der Auftrag lautete: „Malt ein Bild eurer Familie und Gott in Tiergestalten"):

„Es war einmal ein kleiner Hase (mein Opa). Der war ganz allein. Einmal traf er eine Giraffe (Papa) und fragte sie, ob sie Freunde sein wollen. Die Giraffe sagte: Ja. Da waren sie beide froh. Eine Weile. Aber dann waren sie wieder einsam. Sie trafen einen Hund (Mama). Und fragten ihn, ob sie Freunde sein wollen. Der Hund sagte: Ja. Die drei freuten sich. Aber dann waren sie wieder einsam. Und sie trafen einen Schmetterling (ich selbst) und fragten ihn, ob sie Freunde sein wollen. Der Schmetterling sagte: Ja. Da freuten sich alle vier. Aber dann waren sie wieder einsam. Und sie trafen eine Katze (meinen Bruder), die sie dann fragten, ob sie Freunde sein wollen. Die Katze sagte ja und alle freuten sich. Nach einer Weile waren sie wieder traurig. Dann trafen sie eine Schwalbe (das ist Gott). Auch fragten sie, ob sie Freunde sein wollen. Die Schwalbe sagte: Ja. Da freuten sich alle. Und alle zusammen waren froh und blieben es auch."

Aus: Reinhard Boschke: Kinder können Theologen sein. In: Kath. Sonntagsblatt der Diözese Rottenburg-Stuttgart, Nr. 11/2005, Schwabenverlag, Ostfildern, S. 7

2. Hauptteil

* *Impuls* zum Thema. (**M 2**)
* *Diskussion:* Fragen, Anregungen, Ergänzungen, andere Meinungen …

---

3. Schluss

Bildmeditation: „Aufgefangen". (**M 4**)

Materialien

M 1: *Bild des Andreas, elf Jahre*
(Gott als Marionettenspieler)

M 2: *Impuls zum Thema*

Welche Bilder machen sich die Menschen von Gott?

Allmächtig/ohnmächtig,

124

angstmachend und bedrohlich/aufatmen lassend und lebensfördernd,
Es/Du,
richtend/erbarmend,
Garant von Ruhe und Ordnung/Ruhestörer, Störenfried, Unruhestif-
ter,
bergend und Heimat schenkend/aus der Geborgenheit herausreißend,
sich mitteilend/schweigend,
einengend/befreiend,
autoritär/freigebend,
nah/fern,
hell/dunkel,
Antwort/Frage,
Angefragter/Fragesteller,
gebend/nehmend,
Vater/Mutter,
Zuschauer-Gott (Auge)/Gott mitten unter den Menschen,
oben/unten.

„Du sollst dir (von Gott) kein Bildnis machen!"
(2. Mose 20,4)

Die Blinden und der Elefant

In einer großen Stadt waren alle Leute blind. Eines Tages besuchte
ein König dieses Gebiet und lagerte mit seinem Gefolge in der nahen
Ebene. Er führte einen großen Elefanten mit sich, der seinem Pomp
diente. Da wollten die Leute diesen riesigen Elefanten sehen, und eine
Anzahl Blinde machte sich auf – wie Narren – und jeder eilte hin, seine
Gestalt und Form festzustellen. Sie kamen hin, und da sie ja nicht seh-
en konnten, tasteten sie ihn mit den Händen ab. Jeder berührte einen
Teil des Elefanten und gewann so eine Vorstellung von ihm. Als sie
in die Stadt zurückkehrten, berichteten sie von ihren Eindrücken. Einer, dessen Hand das Ohr des Elefanten betastet hatte, sagte: Er ist ein
großes schreckliches Wesen, breit und rau und flach wie ein Teppich.
– Der, dessen Hand den Rüssel betastet hatte, sagte: Ich fand, er ist
lang und innen hohl, wie ein Rohr; ein furchtbares Wesen und Mittel
der Vernichtung. – Und der, der die dicken, festen Beine des Elefanten
betastet hatte, sagte: Seine Gestalt schien mir aufrecht wie eine Säu-

le. – Jeder hatte nur eines der Glieder betastet, und alle lieferten eine unzureichende Beschreibung des Tieres. Keiner erkannte das Ganze. Ebenso kennt der Mensch das Wesen der Gottheit nicht, und auch die Theologen sind wie jene Blinden, die nur hier oder da etwas ertasten.

Aus Indien

„Die Leute sehen überhaupt nix!"

Die Leute denken immer, Gott sei riesig groß und unendlich. Aber es ist ein Fehler, so zu denken. Offensichtlich konnte Mister Gott jede Größe annehmen, die ihm eben gefiel.

„Mister Gott muss sich manchmal ganz klein machen, sonst weiß er überhaupt nicht, wie ein Marienkäfer lebt, oder?"

„Wenn du erst genauso bist, dann weißt du es überhaupt nicht", sagte sie plötzlich ohne Übergang.

„Was weißt du nicht?"

„Du weißt nicht, dass du gut und freundlich bist."

Sie sagte das mit dieser selbstverständlichen, sicheren Stimme in einem wegwerfenden Nebenbei. Ich kannte den Ton. Wenn Anna so redete, dann erwartete sie weitere Fragen. Irgend etwas wollte sie unbedingt loswerden.

„Okay, Fratz, dann erklär's mir mal."

Sie grinste. „Wenn du weißt, du bist gut, dann bist du nicht wie Mister Gott, kein bisschen."

Ich kam mir vor wie der Klassenletzte und fragte nur: „Wieso?"

„Glaubst du vielleicht, Mister Gott weiß, dass er gut und freundlich und gütig ist?"

„Also Fratz, darüber hab ich wirklich noch nie nachgedacht. Vielleicht braucht er es gar nicht zu wissen?"

„Mister Gott hat keine Ahnung, dass er gut oder freundlich ist, Mister Gott ist ganz … leer."

„Mister Gott ist ganz leer", dieser Satz ging mir gegen den Strich. Der Satz vernichtete alles, was ich je gelernt hatte, denn Mister Gott war gefüllt, gefüllt wie eine Weihnachtsgans mit Wissen, Liebe, Mitleid …

Aus: Fynn: „Hallo Mister Gott, hier spricht Anna". Fischer-Taschenbuch-Verlag, Frankfurt 1978 (Erstausgabe), S. 33

Das Gottesbild Jesu (z.B. Lk 15, 11-32)

Während des Vortrages wird das Bild „Der verlorene Sohn" von Sieger Köder an die Wand projiziert. **(M 3)**

Jesus rechtfertigt sein eigenes Tun, indem er dem Gottesbild der Pharisäer und Schriftgelehrten ein anderes Gottesbild entgegensetzt. Der Vater im Gleichnis denkt nicht in Kategorien des Rechts und der Gerechtigkeit, ihm geht es nicht um das Durchsetzen einer Ordnung, nicht um Buße, nicht um Sühne, nicht um Wiedergutmachung … Er eilt seinem Sohn voller Erschütterung entgegen und umarmt ihn. Was sein Handeln bestimmt, ist unendliche Ergriffenheit und alles vergessende Liebe …

Jesus sagt, indem er diesen irdischen Vater schildert, mit ungeheurer Kühnheit, aber auch mit unbeirrbarer Sicherheit: So ist Gott! Ganz anders, als Ihr ihn euch vorstellt! Er blickt auch auf die Verschuldeten und Verlorenen voller Liebe; er wird von der Freude überwältigt, wenn ein Sünder bereut; er ist ein Liebender – mit der Torheit und Selbstvergessenheit eines Liebenden. Begreift doch endlich, dass Gott nichts nachträgt, dass er alles Vergangene vergisst, dass er verzeiht – sofort, bedingungslos und ohne Vorleistungen – dass er selbst dort verzeiht, wo Menschen nicht mehr zu verzeihen pflegen und nicht mehr verzeihen können …

Jesus denkt gar nicht daran, Umkehr und Buße beiseite zu schieben oder gar für überflüssig zu erklären. Aber er rückt die Umkehr an die Stelle, die ihr zukommt. Sie kommt erst an zweiter Stelle. An erster und entscheidender Stelle steht die nicht ableitbare und nicht zu erwartende Liebe und Güte Gottes, die uns umsonst geschenkt wird, bedingungslos, ohne Vorleistung und ohne unser Zutun. Wenn der Mensch allerdings begreift, was ihm da geschenkt wird, dann muss er seinerseits Gott Antwort geben, dann kann er gar nicht sein altes Leben weiterführen, dann muss er auch lieben und das heißt eben umkehren …

So hat Jesus mit der Gottes*frage* an sich nichts zu tun. Für ihn war Gott kein Problem …

Aus: Gerhard Lohfink: Gott ohne Masken. Echter-Verlag, Würzburg 1972, S. 148-151

Jesus hat immer wieder so von Gott gesprochen. Er wollte die Menschen vor allem in seinen Gleichnissen von der Liebe und Barmherzig-

keit seines Vaters überzeugen (z.B. das Mitleid des Samariters – Lk 10, 30-35; die Großherzigkeit eines Königs – Mt 18, 23-27 ...)
Der erste Johannesbrief fasst dieses Gottesbild Jesu zusammen: *„Gott ist Licht; in ihm gibt es keine Spur von Finsternis" (1 Joh 1,5).*

Aber: Wieso kann ein „liebender Gott" seinen eigenen Sohn kreuzigen lassen?

Jesu Tod war ein grausamer, gemeiner Mord von Menschen. Kein Text der Bibel sagt, dass Gott Jesus getötet habe oder dass er selbst sich getötet habe. Wenn es heißt, dass Gott ihn „übergeben" oder dass Jesus „sich gegeben" habe, so ist damit keine todessüchtige „Hingabe" gemeint, sondern ein Ausliefern oder Sich-Ausliefern in die Hände der Menschen ... Aber es ist eben nicht so, dass Gott Mord oder Jesus Suizid begeht, sondern dass beide das Morden der Menschen zulassen, indem Jesus zu seiner Sendung und zu seinem Auftrag steht und nicht wegläuft, als die Feindschaft der Menschen gegen Gott sich an ihm auswirkt ... Im Rahmen des stellvertretenden Gehorsams Jesu erscheint der Tod Jesu nicht als Produkt der Grausamkeit Gottes, sondern als letzte Konsequenz Jesu in seiner Sendung, eben nicht davonzulaufen. In Röm 3,25 ist der Tod Jesu nichts weiter als die Folge der auf ihn konzentrierten Sünde. Das aber ist nicht der böse Wille Gottes, sondern der Sold der Sünde.

Aus: Klaus Berger: Sühnetod und Höllenfeuer. In: Katechetische Blätter 119 (1994), Kösel-Verlag, München, S. 710-714

Siehe auch: Meinrad Limbeck: Hat Gott wirklich Jesu Tod gewollt? In: Kath. Sonntagsblatt der Diözese Rottenburg-Stuttgart, Nr. 16/2003, Schwabenverlag, Ostfildern, S. 28-29

Die Bedeutung von Vater und Mutter für die Gottesvorstellungen unserer Kinder

Während der ersten zwei Lebensjahre kann die Rolle der Mutter im Leben des Kindes kaum überschätzt werden. Die Beziehung zwischen Mutter und Kind ist, wenn die Mutter nicht ernsthaft psychisch gestört ist, eine Beziehung der *Liebe*. Durch diese Liebe ist die Welt für das Kind ein Ort, wo es sich zu Hause fühlen kann, wo es glücklich ist. Es fühlt sich geborgen und in Sicherheit. Und aus dieser Situation heraus lernt das Kind im Laufe der Zeit auch selbst, wie es lieben kann und wie es mögliche negative Erfahrungen zu verarbeiten hat …

So entstehen im Laufe der *ersten zwei Jahre* zwei Vorstellungen: die *der guten Mutter,* der liebevollen, idealen, sorgenden und Geborgenheit schenkenden Mutter und die Vorstellung *der bösen Mutter*, die lieblos ist, zu wenig sorgt usw. Die Haltung des Kindes wird nun ambivalent: Das heißt, es sind positive und negative Gefühle hinsichtlich derselben Person vorhanden. Obwohl man in dieser Lebensphase natürlich noch nicht von Religiosität sprechen kann, übt die die Atmosphäre dieser Zeit großen Einfluss aus auf die Einstellung, die das Kind später zu der Welt und auch zu Gott haben wird. Wenn das Kind nicht erfährt, dass es von der Mutter geliebt wird, und wenn es dadurch nicht lernt, selbst zu lieben, wird es – wenn es erwachsen ist – Gott auch nicht als Liebe erfahren. Herrscht die Vorstellung der „bösen Mutter" vor, dann ist es möglich, dass sich später eine feindliche Haltung Gott gegenüber entwickelt, weil eine infantile Vorstellung in Gott hineinprojiziert wird. Unsicherheit in dieser Lebensphase verursacht später oft die Vorstellung eines „launenhaften" Gottes: Gott ist unberechenbar, einmal grausam und streng, ein anderes Mal wohlwollend und überfreundlich. Die Gottesvorstellung kann auch gefährliche Züge bekommen; man muss Gott freundlich stimmen.

Vom *zweiten Lebensjahr* an beginnt auch der *Vater* im Leben des Kindes eine wichtige Rolle zu spielen, aber diese bleibt immer eine andere als die der Mutter. Wie gut und liebevoll er auch sein mag, zwischen ihm und dem Kind entsteht nie jene besondere Intimität, die in den ersten Lebensjahren zwischen Kind und seiner Mutter wächst … Das Kind betrachtet den Vater zunächst als eine Art zweite Mutter. Erst allmählich lernt es ihn als eine eigene Persönlichkeit kennen, die es liebt und von der es geliebt wird. Aber auch in dieser Beziehung tritt die Ambivalenz ein. Einerseits betrachtet der Knabe seinen Vater als ein göttliches Wesen, allmächtig, allwissend, stark und groß, er verehrt und bewundert ihn, andererseits aber wird das Kind eifersüchtig, weil es die Liebe der Mutter mit dem Vater teilen muss. Auf der einen Seite erfährt es seinen Vater als Beschützer, als zuverlässige, Sicherheit bietende Stütze, als ein leuchtendes Beispiel, das es bald zu imitieren anfängt und mit dem es sich allmählich auch identifiziert. Andererseits aber hat der kleine Knabe Angst vor seinem Vater, auf den er eifersüchtig ist. Seine Eifersucht und die damit zusammenhängenden

Hassgefühle projiziert er in ihn, und er bekommt daher Angst vor grausamen Vergeltungsmaßnahmen ... Hört das Kind, wie Gott „Vater" genannt wird („Vater unser"), dann muss es sich Gott wohl wie seinen leiblichen Vater, den es am besten kennt, vorstellen. ... Das Bild des eigenen Vater, vorwiegend positiv oder vorwiegend negativ, wird in Gott projiziert.

Aus: Th.C. de Kruijf u.a.: Zerbrochene Gottesbilder. Herder Verlag, Freiburg 1969, S. 68-71

Wie kann man unseren Kindern eine Vorstellung von Gott „vermitteln"?

Wo wohnt Gott?

Kinder fragen einem auch zu diesem Thema ein „Loch in den Bauch". Zum Beispiel: „Wo wohnt der liebe Gott?" – Darauf gibt es eigentlich nur eine wahre Antwort: „Ich weiß es nicht." – „Warum weißt du das nicht?" – „Weil ich ihn noch nicht gesehen habe." – „Aber es gibt doch Bilder von ihm." – „Sicher, nur die Leute, die solche Bilder gemalt haben, haben ihn auch nicht gesehen." – „Aber warum redet man dann von ihm, wenn ihn keiner gesehen hat?" – „Weil Jesus uns von ihm erzählt hat."

„Vor Gott kannst du nichts verbergen!"

Leider kommt es immer wieder vor, dass Eltern ihren Kindern eine falsche und verzerrte Vorstellung von Gott vermitteln. Sie reden von Gott als dem alten Mann, dem „Himmelspapa" mit dem langen weißen Bart, der „stets die Braven belohnt und die Bösen bestraft", oder sie sprechen verharmlosend nur vom „lieben Jesulein", vom „Jesuskindchen", vom „lockigen Jesusknaben" ... Da kommt zum Beispiel der vierjährige Klaus nach Hause und fragt die Mutter: „Ist es wahr, dass Gott alles sieht und hört?" – „Ja." – „Auch das, was man heimlich tut?" – „Ja, vor ihm kannst du nichts verbergen." „Dann mag ich ihn auch nicht mehr! Dann soll er nicht mehr mein Freund sein." – „So redet man doch nicht von Gott", korrigiert ihn die Mutter. Aber der Junge verharrt auf seinem abweisenden Standpunkt.

Was geht in Klaus vor, dass er so spontan reagiert? Die Mutter hat ihm schon viel Gutes von Gott erzählt, und deswegen hatte er auch mit ihm Freundschaft geschlossen. Aber dass Gott alles sehen und hören soll, das behagt Klaus überhaupt nicht; das zerstört seine Freundschaft.

Sich ständig beobachtet zu wissen, macht einen Menschen unsicher, ängstlich und unfrei. Das spürt auch ein Kind.

Unrichtige Gottesvorstellung muss man korrigieren

Die Vorstellung von einem Gott, der alles sieht und hört, macht selbst heute noch vielen Eltern und Erziehern erhebliche Schwierigkeiten. Wie viele können bestätigen, wie „angstbesetzt" ihre Vorstellung von Gott ist! Sie sagen zu Recht, dass ihnen dies so gelehrt worden ist, dass sich diese kindhaften Vorstellungen in ihnen verfestigt haben.

Trotzdem: Einmal Erlerntes muss nicht schon für alle Zeiten das Richtige sein. Und deshalb sollten Eltern bereit sein zu korrigieren, was sich als unrichtig erweist. Denn eine unrichtige und auch einseitige Gottesvorstellung, die nicht aufgearbeitet (sondern nur verdrängt) ist, hindert uns daran, Gott in freier Partnerschaft zu begegnen.

Vater und Mutter sollten wissen: Von Gott als jemandem zu sprechen, der „alles sieht" und alles registriert, ist unrichtig, und zwar deshalb, weil es in unbegründeter und einseitiger Weise Gott festlegt, weil es nicht in Einklang gebracht werden kann mit dem, was uns Jesus vorgelebt hat.

Am Reden und Tun Jesu lässt sich ablesen und demonstrieren, wie Gott ist: gut, für uns da bis zum Letzten, voller Liebe. In der Art, wie Jesus mit den Menschen umging, wird sichtbar, was Gott für den Menschen bedeutet. Und deshalb ist es ganz wichtig, dass Eltern ihren Kindern von Jesus erzählen.

Sehr wichtig: ein „jesusähnlicher Umgang" der Eltern mit dem Kind

In einfachen Worten können Eltern ihren Kindern erzählen, wie Jesus Menschen geholfen hat, wie er ihnen Mut zusprach und wie er ihnen Vertrauen und Verzeihung schenkte. Aber dabei sollte es nicht bleiben. Noch wichtiger als alles Reden ist ein „jesusähnlicher Umgang" der Eltern – und auch der anderen Verantwortlichen in der Erziehung – mit dem Kind.

Im Verhalten der Eltern muss das Kind spüren, was es heißt: Mir schenkt jemand Vertrauen, mir macht jemand Mut. Das Kind muss spüren, dass es in der Liebe eines anderen geborgen sein darf, dass man es gut mit ihm meint, dass man es so bejaht, wie es ist.

Damit wird dem Kind – durch das gelebte Beispiel der Eltern – Gott mitten im Leben nahegebracht. Diese Erfahrung weckt ein Gespür für die Unmittelbarkeit Gottes im Alltag. Gott wird dadurch zwar nicht verstehbar, aber die Eltern vermitteln dem Kind die für uns erlebbare und erfahrene Seite Gottes.

Aus: Reinhard Abelen: Sprechen Sie mit Ihrem Kindern über Gott! In: Kath. Sonntagsblatt der Diözese Rottenburg-Stutttgart, a.a.O., Nr. 23/1994, S. 30

M 3: *Bild: Der verlorene Sohn von Sieger Köder*

Das Bild von Sieger Köder ist enthalten in den Arbeitstransparenten: Köder, Sieger: Bilder zur Bibel Folge 1: 9 Folien, f., Gemälde. Auszuleihen beim Ökumenischen Medienladen Stuttgart: Ausleih-Nr. AT 332. Tel. 0711/22276-67; info@oekumenischer-medienladen.de; www.oekumenischer-medienladen.de.

4: *Bildmeditation*

Zwei Menschen –
der eine aufrecht, gefestigt und stark.
Der andere gebeugt, hilflos
und haltsuchend.
Zaghaft und scheu
lehnt sich der Schwächere
an den Stärkeren an,
er lässt sich auf ihn fallen.
Der Starke fängt ihn auf
und umfängt ihn mit beiden Armen.
Er schenkt ihm Halt
und wird für ihn Rück-Halt.
Rückhalt kann er nur sein,
weil er selbst sich gehalten weiß
von einem Größeren.
Er schenkt weiter,
was er empfängt.
Er lebt davon,
dass Gott Halt ist.

Ernst Barlach „Das Wiedersehen"

Bei den beiden
bedarf es nicht vieler Worte.
Sie verstehen sich.
Der Haltende weiß um das Schwachsein
des Sich-Fallen-Lassenden.
Der Schwache vertraut ganz
auf die Stärke des anderen.
Er lässt sich bereitwillig helfen.

Im Laufe unseres Lebens
dürfen wir solches Halten und
Gehaltenwerden erfahren.

Einmal werden wir der Schwache,
der Haltsuchende sein,
dann wieder sind wir die Stärkeren,
die Haltgebenden.
Wenn schon Menschen einander stützen und halten,
um wie viel mehr Gott, der Vater,
der alle seine Kinder liebt.

Gott, Du mein Vater.
Vor dir darf ich immer
der Schwache und
der Sich-Anlehnende sein.
Gerne will ich mich heute
in Deine Arme fallen lassen.
Ich weiß, Du fängst mich auf
und Du hältst mich.
Dafür danke ich Dir.

Text: Irmgard Mauch (veröffentlicht in Erbe und Auftrag 4/1983)

Literatur und Medien

Anselm Grün: Erfahrungen mit den Eltern prägen das Gottesbild (Interview). In: Kath. Sonntagsblatt der Diözese Rottenburg-Stuttgart, Nr. 2/2003, Schwabenverlag, Ostfildern, S. 22-23
Die Wunden der Kindheit heilen. Es geht um die Aussöhnung mit schmerzhaften Erfahrungen aus der Vergangenheit, die notwendig ist, um die eigene Lebensgeschichte im Erwachsenenalter ungehindert und verantwortlich in die Hand nehmen zu können.

Claudia Guggenmos: Zur Entwicklung des Gottesbildes bei Kindern und Jugendlichen. In: notizblock, Heft 36/2004, Hrsg.: Bischöfliches Ordinariat der Diözese Rottenburg-Stuttgart, S. 47
Es gibt eine Entwicklung im Gottesbild von Kindern. Kinder mit christlichem Hintergrund stellen Gott bis zum 9. Lebensjahr überwiegend anthropomorph dar, dann wird die Darstellungsweise immer symbo-

lischer. Personale und nicht-personale Darstellungen von Gott wechseln im Verlauf der Entwicklung von Kindern. Grundmotiv der Kinder und Jugendlichen ist: Gott ist anders.

Lothar Katz: Wie entstehen Gottesbilder in unserer Seele? In. Kath. Sonntagsblatt der Diözese Rottenburg-Stuttgart, a.a.O., Nr. 3/2005, S. 6-8
Glaube und Gottesbilder kann man nicht erlernen, Grundlage für die Beziehung zu Gott sind die Beziehungserfahrungen im menschlichen Leben. „Wer seelisch blind ist, glaubt nicht."

Meinrad Limbeck: Gottesbilder. In: Kath. Sonntagsblatt der Diözese Rottenburg-Stuttgart, a.a.O., Nr. 40/2004, S. 26-27
Gütiger Vater oder unbarmherziger Richter: Es gibt aufgrund unterschiedlicher Erfahrungen viele Gottesbilder, die sich scheinbar widersprechen. Die Bilder, die Jesus gebrauchte, um seine Zuhörer zu bewegen und um sie Gott nahe zu bringen, wollten vor allem Hoffnung machen und Ängste abbauen.

Mein Gottesbild 16 Folien, f., Zeichnungen, ab acht Jahren
Knapp 3.000 Schülerinnen und Schüler von 163 Schulen in der Diözese Rottenburg-Stuttgart beteiligten sich an der Aktion „Mein Gottesbild". Die schönsten und beeindruckendsten Bilder wurden beim Katholikentag 2004 in Ulm gezeigt. Die Foliensammlung umfasst 16 Motive von Schülern und Schülerinnen der 1. bis 12. Klasse, dazu Unterrichtsempfehlungen, Lieder, Text, Bibelstellen und Geschichten.
Auszuleihen beim Ökumenischen Medienladen Stuttgart, a.a.O. (AT 686).

Michael Rathgeb: Mein Gott, Dein Gott – ein Gott?! Gottesbilder und ihre Folgen. In: der Verfasser: Vom Kribbeln im Bauch und anderen Gebrechen: 19 Impulse für ein befreites Leben. D&D Medien, Grünkraut, 2004
Kurze und praxisnahe Impulse zum Thema Glaube und Alltag: Glaube und Beziehungen, Umgang mit Lebensidealen, Fitness, Nein-Sagen, Erwartungen an Gott, Glaube und Beruf ... Deutlich wird dabei, wo eine wahrhaft gelebte Kindschaft Gottes den Unterschied zur „Welt" macht und uns in eine große wahre Freiheit stellt

„Vater lass die Augen dein, über meinem Bette sein!" – Von und mit Kinder beten lernen

Elternabend im Kindergarten und in der Grundschule

Vorbemerkungen

* Einen Stuhlkreis um eine gestaltete Mitte vorbereiten: Zum Beispiel eine große aufgeschlagene Kinderbibel (z.b. von Sieger Köder) etwas erhöht aufschlagen. Um diese Bibel herum liegen Kindergebetbücher – alte und neue –, religiöse Bilderbücher, leere Blätter, Bleistifte ...).

* Bevor die Teilnehmer den Raum betreten, wird ein Foto von einem kranken Kind an die Wand projiziert. **(M 1)**

1. Einstieg

* *Anonyme schriftliche Umfrage zu folgenden Fragen, an die Wand projiziert oder auf Papier verteilt:*

    — *Welche Erinnerungen habe ich an das Beten in meiner Kindheit – gute/belastende?*

    — *Welche – guten und/oder weniger guten – Erfahrungen habe ich als Vater/Mutter gemacht beim Beten mit meinem Kind/ meinen Kindern?*

Die Teilnehmer werden gebeten, sich aus der Mitte einen Bleistift und ein leeres Blatt zu holen und stichwortartig die Fragen zu beantworten.

* *Der Referent liest die Äußerungen der Teilnehmer vor und ordnet sie folgendem Schema an einer Wandzeitung/Korktafel, Flipchart ... zu:*

* *Erinnerungen ans Beten in der eigenen Kindheit*

gute	weniger gute/belastende

* *Erfahrungen beim Beten mit Kindern heute*

gute	weniger gute/belastende

* *Auswertung der Umfrage:*
Der Referent fordert die Teilnehmer auf, zu den Äußerungen zuerst einmal Fragen zu stellen. Anschließend sollen die Teilnehmer in Drei-er-Gruppen folgende Leitfragen besprechen:
  * *Welche Antworten kommen gehäuft vor? Welche Gründe könnte dies haben?*
  * *Welche Antwort(en) entspricht/entsprechen nicht meinem Denken? Warum?*
Die Dreier-Gruppen entstehen jeweils mit dem linken und rechten Nachbarn zusammen. Es geht um sehr intime Fragen, die meiner Er-fahrung nach die Teilnehmer nicht in der Öffentlichkeit besprechen wollen.
Die Umfrage intendiert eigentlich, die Erfahrung zu machen: „So al-lein bist du gar nicht mit deinen Erlebnissen und Erfahrungen." Wich-tig ist, dass das Gespräch frei von Wertungen bleibt.

2. Hauptteil

* *Impuls:* Von und mit Kindern beten lernen, höchstens 20 Minuten; Auszüge aus **(M 2)**.

* *Diskussion:* Fragen, Anregungen, Ergänzungen, andere Mei-nungen ...

3. Schluss

* Anhören des Kinderliedes: „Ich mag dich sehr" **(M 3)** oder
* Anhören eines religiösen Kinderliedes: „Danke, danke für die Sonne"; oder: „Gott, du bist ja bei mir"; oder: „Weil du mich so magst"; oder: „Viele kleine Leute"; oder: „Jetzt ist die Zeit" – **(M 4)** oder
* Vortragen eines/einiger Gebete aus: „Halte zu mir heute, guter Gott" oder
* Vortragen eines/einiger Gebete aus: „Lieber Gott, ich muss dir mal was sagen" oder
* Vortragen einiger Gebete aus dem „Gotteslob" Nr. 20-22 oder
* Vortragen einer Geschichte, eines Gebetes … aus „Abend-Oasen". **(M 5)**

Materialien

M 1: *Foto von einem kranken Kind*

M 2: *Von und mit Kindern beten lernen*

1. Kinderbriefe an den lieben Gott

* Lieber Gott, gestern hatte ich Pizza zum Mittagessen und Spaghetti mit Fleischklößchen zum Abendbrot. Was gab es bei Dir? (Susanne)
* Lieber Gott, niemand will meine Freundin sein, wenn man so dick ist wie ich. (Tanja)
* Lieber Gott, lässt Du gern mit Dir schmusen? Das tut so gut. (Stephanie)
* Du bist einer von den beiden Menschen auf der Welt, die ich am liebsten habe. (Oliver)
* Lieber Gott, mit mir kannst Du fest rechnen. Dein Freund Ulrich.

- Lieber Gott, warum muss ich eigentlich beten, wo du doch schon weißt, was ich brauche. Aber ich tue es natürlich, wenn Du Dich besser dabei fühlst. (Susanne)
- Ich bete, weil ich dann leichter an Gott glaub. (Veronika)
- Beten ist ein bisschen telefonieren. (Sascha)

Aus: Eric Marshall/Stuart Hample: Neue Kinderbriefe an den lieben Gott. Gütersloher Taschenbücher Siebenstern (GTB 203)

und Monika Zabeck (Hrsg.): Keine Angst, lieber Gott! Was Kinder glauben. Gustav Lübbe Verlag, Bergisch Gladbach 1987

Diese Kinder sprechen mit dem lieben Gott wie mit ihresgleichen, wie mit einem Freund, dem man alles anvertrauen kann. Sie sprechen mit ihm, wie ihnen gerade zumute ist: ehrlich, wie „der Schnabel gewachsen ist" und nie ohne Vertrauen. Sind Kinder Gott noch ganz nahe? Am treffendsten finde ich die ganz natürliche Beziehung zu Gott der 5-jährigen Anna in dem Buch: Fynn „Hallo Mister Gott, hier spricht Anna": Fischer-Taschenbuch-Verlag, Frankfurt a.M. 1978 (Erstausgabe).

Hier ein Auszug aus dem *4. Kapitel: Mister Gott ist kein Problem:*

Unser Pfarrer fragte sie einmal: „Glaubst du an Gott, Anna?"

„Ja."

„Weißt du, was Gott bedeutet?"

„Ja."

„Was bedeutet er also?"

„Na eben, dass er Mister Gott ist."

„Gehst du in die Kirche?"

„Nein."

„Warum nicht?"

„Weil ich schon alles weiß."

„Und was weißt du alles?"

„Ich weiß, dass ich Mister Gott lieb habe und Leute und Katzen und Hunde und Spinnen und Blumen und Bäume ... und überhaupt alles; ich ganz allein mit meiner ganzen Figur."

2. Was sagt die „Theologie" zum Thema „Beten?"

„Die Frage ist, ob Beten immer heißen muss: sich an Formeln halten, ein bestimmtes Pensum erledigen. In der Bibel gehört das Beten ganz selbstverständlich zum Leben, so selbstverständlich, dass es ursprünglich kein eigenes Wort dafür gegeben hat. Beten ist ein Rufen, Jubeln, Klagen, Bitten, Flehen, je nach der Situation des Menschen.
Vielleicht sind manche Menschen dieser biblischen Art des Betens sehr nahe, ohne es zu wissen. Wenn sie in eine missliche Lage kommen, fangen sie an, sich gegen Gott aufzulehnen; wenn sie eine Zeitung lesen, fragen sie, wie Gott all das Leidvolle und Böse zulassen kann; und wenn sie glücklich sind, dann läuft ihnen das Herz über.
Wir Christen dürfen als Kinder Gottes zum Vater kommen, wie wir sind – in unserer inneren Hetze, in unserm Unvermögen, uns zu sammeln und die rechten Worte zu finden, mit unseren Schwierigkeiten und mit unserer Schuld … Wenn wir beten, betet Christus im Heiligen Geist mit uns … Persönlich Beten heißt ja, sein Leben zur Sprache bringen vor Gott: Ich weiß, dass ich mein Leben ausbreiten kann vor Gott – er stellt mich nicht bloß. Ich weiß, dass ich zu ihm sprechen kann, wie mir gerade ums Herz ist – er versteht mich. Ich weiß, dass ich mich vor ihm nicht verstellen kann – er kennt mich. Ich weiß, dass ich zu ihm kommen kann, wann ich will – er ist mir immer nahe. Ich weiß, dass er mich zum Beten anregt und mein Gebet mit seiner Kraft trägt. Gott braucht mein Gebet nicht, aber mein Leben braucht das Gebet. Gott weiß, was ich nötig habe …"

Aus: Gotteslob. Katholisches Gebet- und Gesangbuch. Schwabenverlag: Ostfildern 1975, S. 17

3. Was sagt die Bibel zum Thema „Beten"? (Exemplarisch)

* Das Gebet ist die Lebensform, das Lebensklima des geistlichen Menschen. Dem entspricht, dass sich im Gebet alle Äußerungen des Glaubenslebens finden: Lob und Dank (Ps 103ff.); die Achtung vor Gott dem Allerhöchsten in der Anbetung (Apg 4,24ff.); die Kindesliebe zum Vater (Rom 8,15; Gal 4,6), die Nächstenliebe in der Fürbitte (Kol 1,9; 1 Tim 2,1); der Zweifel, die Not und die Anfechtung (Ps 102, 1ff.; Ps 73,23ff.; Ps 74,1ff.). Weil das Gebet das Lebenselement des Christen ist, kann sich Paulus auch nicht mit

gelegentlichem Beten begnügen, sondern ermahnt seine Gemeinde zum immerwährenden, zum Gebet „ohne Unterlass" (Röm 12,12; Kol 4,2; 1 Thess 5,17).

- Zwei Stellen aus der Bibel sind mir besonders wichtig geworden:

- *Lk 11,1ff.:* Diese Stelle zeigt, wie Jesus selbst zu seinem Vater gebetet hat:

„Vater! (Abba, Papa)

Du bist heilig! Bring alle Menschen dazu, dich zu ehren.

Du bist der Herr! Komm und vollende dein Werk.

Gib uns jeden Tag, was wir zum Leben brauchen.

Vergib uns unsere Schuld,

wie auch wir allen verzeihen, die uns Unrecht getan haben.

Lass uns nicht in die Gefahr kommen, dir untreu zu werden."

- Und: Phil 4,6:

„Macht euch keine Sorgen, sondern wendet euch in jeder Lage an Gott und bittet ihn um alles, was ihr braucht. Vergesst dabei nicht den Dank!"

Übersetzung: Die Gute Nachricht. Deutsche Bibelstiftung Stuttgart 1978

4. Was hat mich dazu gebracht, wieder zu beten?

An dieser Stelle kann/sollte der Referent ein persönliches „Zeugnis" geben über gute und belastende Erfahrungen des eigenen Gebetslebens. Nach meiner Erfahrung motiviert dies die Teilnehmer dazu offen eigene Erfahrungen einzubringen.

- Ich war Religionslehrer an einer Katholischen Schule. In einer wichtigen Lebensentscheidung fragte ich den damaligen Schulseelsorger, was er mir raten würde. Er meinte: „Warum fragst du nicht ihn?" und zeigte mit der Hand nach oben. Ich war konsterniert, total verunsichert. So etwas hatte ich noch nie gehört! Und so fragte ich „ihn" schließlich schüchtern: „Ja, Herr, was meinst du dazu?"

• Ich fing wieder an, mit Gott zu sprechen. Einmal stieß ich im „Gotteslob" auf folgendes Gebet:

„Mein Vater, ich überlasse mich dir; mach mit mir, was dir gefällt. Was du auch mit mir tun magst, ich danke dir. Zu allem bin ich bereit, alles nehme ich an. Wenn nur dein Wille sich an mir erfüllt und an allen deinen Geschöpfen, so ersehne ich weiter nichts, mein Gott. In deine Hände lege ich meine Seele. Ich gebe sie dir, mein Gott, mit der ganzen Liebe meines Herzens, weil ich dich liebe und weil diese Liebe mich treibt, mich dir hinzugeben, mich in deine Hände zu legen, ohne Maß, mit einem grenzenlosen Vertrauen. Denn du bist mein Vater. (Charles de Foucauld, GB Nr. 5)

„Mach mit mir, was du willst!" – „Nein, das kann ich nicht beten! Was macht Gott mit mir, wenn ich mich ihm ganz überlasse?" Und da sagt Jesus auch noch: „Wer mir nachfolgt, nehme täglich sein Kreuz auf sich." – „Nein, ich will nicht leiden!" Diese Gedanken belagerten mich. Es dauerte lange, bis ich dieses Gebet halbwegs ohne innere Zweifel sprechen konnte. Aber auch heute kann ich dieses Gebet nicht in jeder Situation aus ganzem Herzen sagen. Mich tröstet aber zu wissen, dass Gott ja meine Gedanken kennt, bevor ich sie ausgesprochen habe.

• In unserer Pfarrei predigte einmal ein Bettelprediger und er erzählte folgende Geschichte:

In einem Zirkus trat ein Seilakrobat auf. Begeistert applaudierte das Publikum. Am Schluss wartete der Seiltänzer mit einer Glanznummer auf. Er schob einen Schubkarren über das Seil und wieder zurück. „Traut ihr mir das ein weiteres Mal zu?" rief er in die Menge. „Ja selbstverständlich", schrie die Menge unter tosendem Beifall. Da fixierte der Artist einen der Zuschauer und rief ihm zu: „Wenn Sie mir das zutrauen, dann kommen Sie herauf und setzen sich in den Schubkarren, und ich werde Sie dann über das Seil bringen." Der Angesprochene winkte energisch ab. Er blieb auf sicherem Boden und ging das Risiko nicht ein.

An diesem Morgen wurde mir klar: wenn ich mit Gott eine Beziehung eingehen möchte, dann muss ich ihm alles zutrauen, vor allem, dass alles zu meinem Besten gereicht (Röm 8,28).

- Und erst kürzlich im Sonntagsgottesdienst in unserer Gemeinde ereignete sich Folgendes: Meine Frau und ich saßen in einer Bank hinter zwei geistig behinderten Mädchen mit ihrem Erzieher. Als der Priester sagte: „Lasset uns beten" faltete das eine Mädchen im Rollstuhl andächtig ihre Hände. Bei einem rhythmischen Loblied tanzte das andere Mädchen voll Freude und sang immer wieder: „Halleluja". Ich fragte mich: „Wer ist eigentlich hier behindert?"

4. Wie können wir Eltern unseren Kindern das Beten „lernen"?

- Voraussetzung für ein ehrliches Sprechen unserer Kinder mit Gott ist, dass wir sie so akzeptieren wie sie sind: nicht, wie wir sie gerne haben möchten. „Du bist mein Tobias, du bist meine Miriam: ich mag' dich so, wie du bist! Wir haben dich gewollt!"
  Die Entwicklungspsychologie nennt diese erste Entwicklungsstufe: „Urvertrauen oder Urmisstrauen". Das Kind „sagt" sich: „Ich bin, was ich an Zutrauen geschenkt bekomme. Ich gehe optimistisch an die ‚Dinge' heran" (siehe auch: Gunther Klosinski: Glaube ist verbunden mit Urvertrauen. In: Kath. Sonntagsblatt der Diözese Rottenburg-Stuttgart, Nr. 18/2002, Schwabenverlag, Ostfildern, S. 9; und: Angela M. T. Reinders: Wie man Kindern Vertrauen in das Leben schenkt. In: Katholisches Sonntagsblatt, a.a.O., Nr. 48/2005, S. 24f.).

- Auf dieser „Urerfahrung" des „Aufgehobenseins" und des „Angenommenseins" kann das Kind auch seinem himmlischen Vater mit der Zeit alles sagen, so wie es mit allem zu seinem Vater und seiner Mutter kommen kann (siehe z.B. die Kinderbriefe an den lieben Gott in Nr. 1).

- Eltern, die lange selbst nicht gebetet haben, helfen vorgefasste Gebete (siehe Literatur).

- Formulierte Gebete sind oft gereimt und verführen zur Leierei. Sie tragen fremde Gedanken und Vorstellungen an das Kind heran, sind häufig kindertümlich bis kindisch anstatt kindgemäß.

- Meine Frau und ich haben selten vorformulierte Kindergebete gesprochen. Die eigene Erfahrung der Kinder sollte nicht verdeckt werden. Ihre Fähigkeit, „religiöse" Sachverhalte auszudrücken, sollte gefördert und nicht gebremst werden. Sie sollten ihre eigene Sprache finden.

* Das tägliche Gebet darf nie zum Zwang werden oder gar zu Schuldzuweisungen führen, zum Beispiel: „Wenn du nicht betest, mag dich Gott nicht mehr!" Wenn Kinder nicht beten wollen, darf man sie nicht dazu zwingen. Man zerstört sonst die Voraussetzungen ihres echten eigenen Gebets.

* Albert Biesinger schlägt vor, den Tagesablauf als „Raster" (Ritual) für das Gebet zu nützen:

Vor dem Essen

ist es eine Geste der Dankbarkeit und der Kommunikation, wenn wir gemeinsam mit den Kindern beten (siehe z.b. Tischgebete in: Gotteslob Nr. 16/17). Nach dem Gebet reichen sich alle, die am Tisch sitzen, die Hände.

Am Ende des Tages

sollten Kinder nicht einfach ins Bett gebracht werden. Es ist ganz leicht, mit ihnen einen „Abendritual" zu entwickeln. Vater oder Mutter – wobei die Väter auf diesem Gebiet viel an Beziehungsdichte zu ihren Kindern gewinnen, wenn sie sich darauf einlassen – setzen sich an das Bett des Kindes und gehen mit dem Kind noch einmal den Tag durch, besprechen möglicherweise offene Konflikte, danken gemeinsam Gott für das, was schön war an diesem Tag oder legen Gott das in die Hände, was belastend oder traurig war, etwa wenn jemand in der Familie krank ist. (Für dieses Abendritual eignet sich das Buch von Albert Biesinger u.a.: „Abend-Oasen" oder Bilderbücher zu biblischen Geschichten, z.B. des Stuttgarter Bibelwerkes.)

Ich habe unseren Kindern Märchen vorgelesen oder erzählt. In ihnen kommt häufig vor, wie Gott dem „Helden" hilft, wenn er sich auf seinen „Lebensweg" macht, zum Beispiel in „Sterntaler", „Hänsel und Gretel" ...). Auch hörten sie gerne biblische Geschichten, zum Beispiel aus: Dietrich Steinwede: „Zu erzählen deine Herrlichkeit" und: „Was ich gesehen habe" (siehe Literatur).

Kinder gehen gerne in die Kirche
Sie nehmen die Stille und die besondere Atmosphäre der Kirchen
viel intensiver auf als manche Erwachsene. Man kann während
der Woche mal kurz in die Kirche gehen, mit ihnen die Figuren
anschauen, ein kurzes Gebet sprechen oder eine Kerze anzünden.

Aus: Albert Biesinger: Religiöse Erziehung – leichter als man denkt.
In: Katholisches Sonntagsblatt der Diözese Rottenburg-Stuttgart. Nr.
14/2002, S. 6-8, a.a.O.

M 3: *Ich mag dich sehr (Kinderlied)*

Ich hab einen guten Freund,
der mit mir spielt und lernt
und lacht und weint,
und wenn ein Hund
mich anbellt, hilft er mir.
Dann denke ich leis:
„Ich mag dich sehr!
Ich mag dich sehr,
ich hab dich lieb.
Gut, dass es solche Freunde gibt.
Ich mag dich sehr,
ich hab dich lieb,
und ich bin froh, dass es dich gibt."

Mutti kocht oft, was ich mag,
und manchmal darf ich viel,
wenn ich sie frag,
und wenn ich nachts schlecht träume, kommt sie her.
Dann denke ich leis:
„Ich mag dich sehr!
Ich mag dich sehr,
ich hab dich lieb.
Gut, dass es solche Eltern gibt.
Ich mag dich sehr,
ich hab dich lieb,
und ich bin froh, dass es dich gibt."

Gott lädt alle Kinder ein.
Er will für mich
ein Freund und Vater sein,
und wenn ich sing
und bete, redet er.
Dann sag ich ihm laut:
„Ich mag dich sehr,
ich hab dich lieb.
Gut, dass es Gott hier bei uns gibt.
Ich mag dich sehr,
ich hab dich lieb,
und ich bin froh, dass es dich gibt."

Aus: „Die Regenbogenkinder. Herzlichen Glückwunsch". CD; erhältlich
bei: Arno's Bauchladen. Tel. 05677/1343; Bauchladen@Arno-Backhaus.
de; web-shop: www.arnobackhaus.de

M 4: Danke, danke, für die Sonne

Detlev Jöcker, D 2004, 22 Min., Lieder ab vier Jahren: neue, fröhliche
Lieder, die frei und kindgemäß religiöse Inhalte vermitteln. Für Kindergarten, Schule und Kindergottesdienst (CD 294: auszuleihen beim
Ökumenischen Medienladen Stuttgart: info@oekumenischer-medien-
laden.de; www.oekumenischer-medienladen.de).

Gott, du bist ja bei mir

60 Min., BRD 1990, ab vier Jahren: Geistliche Kinderlieder von Rolf
Krenzer und Paul G. Walter für Kindergarten, Schule, Gemeinde und
Familie (CD 809: auszuleihen beim Ökumenischen Medienladen Stutt-
gart a.a.O.)

Weil du mich so magst

49 Min., BRD 1989, ab vier Jahren: Religiöse Kinderlieder von Gerhard Krombusch und Ludger Edelkötter.

Viele kleine Leute

55 Min., D 2004, ab drei Jahren: 20 der schönsten religiösen Kinderlieder von Detlev Jöcker (CD 294; auszuleihen beim Ökumenischen
Medienladen Stuttgart a.a.O.).

Jetzt ist die Zeit

62 Min., D 2000, ab sechs Jahren: Christliche Kinderlieder aus Indonesien; zwölf indonesische Titel sind von Rolf Krenzer ins Deutsche übertragen und musikalisch bearbeitet worden (CD 003; auszuleihen beim Ökumenischen Medienladen Stuttgart a.a.O.).

M 5: *Halte zu mir heute, guter Gott*

Pia Biehl/Anne Westerduin (Illustration): Verlag Katholisches Bibelwerk Stuttgart o.J.
Dieses Kindergebetbuch möchte Kinder einladen, mit Gott ins Gespräch zu kommen, in kindgerechten Worten, nach ihrem eigenen Empfinden. Gott alles zu erzählen Freude, Dank, Staunen, aber auch Ärger und Enttäuschung. Gott ganz selbstverständlich am Leben teilhaben zu lassen und somit die Erfahrung zu vermitteln: Er ist immer bei uns.

Gotteslob: Katholisches Gebet- und Gesangbuch. Ausgabe des Bistums Rottenburg-Stuttgart. Schwabenverlag: Ostfildern

Abend-Oasen: Geschichten, Rituale, Gebete, Spiele. Ein Gute-Nacht-Buch für junge Familien. *Von: Albert Biesinger/Barbara Berger/Marlies Mittler-Holzem/Thomas Hessler. Kösel-Verlag: München 2002.*

Die kostbaren Augenblicke am Abend vor dem Zubettgehen der Kinder bieten große Chancen für Austausch, Atemholen, gemeinsames Erleben und kreatives Tun. Familien mit kleinen Kindern im Vorschul- und Grundschulalter werden eingeladen miteinander zu singen, zu lauschen, zu spielen, zu beten und neue Rituale auszuprobieren. Die Jahreszeiten, die großen Feste, die verschiedenen Anlässe im Erleben der Großen und Kleinen und lebendige religiöse Traditionen sind bei den leicht umsetzbaren Impulsen berücksichtigt! Auf die einzelnen Wochen und Monate verteilt schenkt dieses abwechslungsreich und künstlerisch interessant gestaltete Jahresbuch viele kreative Ideen, Abend-Oasen gemeinsam zu erleben, zu gestalten und zu feiern.

Literatur

Pia Biehl/Anne Westerduin: Lieber Gott, ich muss dir mal was sagen. Verlag Kath. Bibelwerk Stuttgart 2002

Albert Biesinger: Religiöse Erziehung – leichter als man denkt. In: Kath. Sonntagsblatt der Diözese Rottenburg-Stuttgart, Nr. 14/2002, Seite 6ff. Schwabenverlag: Ostfildern

Albert Biesinger: Rituale vermitteln Sinn und geben dem Kind Sicherheit. In: Elternschule ... mit Kindern wachsen. Schwabenverlag: Ostfildern o.J.

Albert Biesinger u.a.: Abend-Oasen. Kösel-Verlag: München 2002

Hubertus Büker: Religiöse Gespräche in der Familie brauchen Anknüpfungspunkte. In: Kath. Sonntagsblatt, a.a.O., Nr. 9/2003, S. 25

Christiane Bundschuh-Schramm: Füreinander Engel sein. Segnen Sie Ihr Kind. In: Elternschule, a.a.O.

Christiane Bundschuh-Schramm: Kinder sind die Priester ihrer Eltern. In: Kath. Sonntagsblatt, a.a.O., Nr. 19/2003, S. 24f.

Christiane Bundschuh-Schramm: Kinderfragen durchbrechen Tabus und Grenzen. In: Kath. Sonntagsblatt, a.a.O. Nr. 48/2005, S. 6ff.
Christiane Bundschuh-Schramm: Wenn Eltern und Kinder Gottesdienste gestalten. In: Kath. Sonntagsblatt, a.a.O. Nr. 47/2003, S. 22ff.

Brigitte Jünger/Maria Riederer: Gott spricht alle Sprachen – Kindergebete aus aller Welt. Claudius Verlag 2005

Ursula Marc/German Frank: Nicht wie bei Räubers ... D&D Medien Ravensburg (21. Aufl.)
Ein faszinierendes Märchen, das Menschen jeden Alters bewegt, anrührt und begeistert. Räuberjunge Tom kann es kaum fassen, dass er eines Morgens im Schloss eines Königs aufwacht. Jemand hat ihn tags zuvor aus der dunklen Höhle befreit, in die ihn die Räuber wieder

einmal eingesperrt hatten. *Der König selbst war es, der ihn hierher gebracht hat. Für Tom beginnt ein neues, abenteuerliches Leben – bei Gott „dem König".*

Ursula Marc/German Frank: Wieder bei Räubers? D&D Medien Ravensburg
Der zweite Band der Geschichte von „Nicht wie bei Räubers ...". Die Geschichte von Tom geht weiter! Interessantes und Aufregendes darf er entdecken – über sich und das Leben und auch über den König und seinen Sohn. Und als Tom schließlich einen Spezialauftrag bekommt, überschlagen sich die Ereignisse ...

Marlies-Mittler-Holzem: „Lasst die Kinder zu mir kommen" – Müssen Gemeinden kinderfreundlich sein? In: Kath. Sonntagsblatt, a.a.O., Nr. 44/2003, S. 26ff.

Claudia Schlenker: Kinder sind ihrer Herkunft aus Gott noch sehr nahe. In: Kath. Sonntagsblatt, a.a.O. Nr. 18/2003, S. 27ff.

Dietrich Steinwede: Zu erzählen deine Herrlichkeit. Biblische Geschichten für Schule, Haus und Kindergottesdienst. Vandenhoeck & Rupprecht/Pfeiffer, Göttingen/München 1981 (9. Auflage)
Kindgerechte Erzählungen.

Dietrich Steinwede: Was ich gesehen habe. Thematische Bibelerzählungen für Kinder, Eltern und Lehrer. Vandenhoeck & Rupprecht: Göttingen 1976 (nur noch antiquarisch im Internet oder in einer Bibliothek erhältlich)
Kindgerechte Erzählungen.

Andreas Weidle (Hrsg.): Wie kommt Gott ins Kinderzimmer? Ein Heft für Eltern. Verlag „Der Jugendfreunde": Leinfelden-Echterdingen 2003
Kinder fragen: woher, wohin, wieso, weshalb, warum? Und sie bringen uns mit ihren Fragen oft ganz schön in Verlegenheit.
„Wo war ich, als ich noch nicht da war?" „Wie sieht eigentlich der liebe Gott aus?" „Tut totsein weh?" Kinder stellen die Fragen, die wir uns aufgeklärt oder abgeklärt inzwischen abgewöhnt haben. Und: Sie

*stoßen mit ihren Fragen in Dimensionen des Lebens vor, die wir Er-
wachsene oft ausblenden: in die Welt des Glaubens, des Vertrauens.*

*Können wir uns mit unseren Kindern zusammen nicht noch einmal neu
auf den Weg machen und herausfinden, wie sich das anfühlt: Glauben
und Gottvertrauen?*

*Können wir zusammen mit unseren Kindern das Fragen wieder lernen
und nach Antworten suchen?*

*Können wir im Gespräch mit unseren Kindern oder beim Abendgebet
an der Bettkante nicht wieder selbst herausfinden, wo wir gerade stehen: Was ist mir wichtig? Wofür habe ich immer Zeit und Geld? Wie
sieht mein Bild von Gott aus? Wie gehe ich mit Versagen um? Kann ich
beten? Woran halte ich mich fest? Welche Stützen hat mein Selbstvertrauen? Ist der Glaube für mich mehr als Tradition?*

*Das Heft gibt Eltern Anregungen und Hilfestellungen an die Hand,
über religiöse Erziehung so nachzudenken, dass Erwachsene dabei
nicht ausgeblendet sind.*

Wenn der Glaube in die Pubertät kommt – Mit Jugendlichen Gott entgegenzweifeln

Elternabend für Eltern mit Kindern und Jugendlichen im Alter von elf bis 17 Jahren

Vorbemerkungen

- Einen Stuhlkreis um eine gestaltete Mitte vorbereiten: Zum Beispiel Karikaturen, Plakat oder Zeitungstitel: „Unsere Jugend ist heruntergekommen. Die Kinder gehorchen den Eltern nicht mehr. Das Ende der Welt ist nahe …" Um die Mitte herum liegen Aussagen von Jugendlichen auf Blättern:

An Gott zu glauben ist schwer, da ich ihn nie leibhaftig gesehen habe. (Junge, 16 J.)

Die alten Überlieferungen sind zweideutig und machen das Glauben an Gott noch zweifelhafter. In Situationen, in denen er helfen soll, ist er meist nicht da. (Junge, 15 J.)

Gott ist für mich ein Lebensgestalter, der mir in manchen Situationen beisteht und hilft, in anderen mich aber verschmäht. (Mädchen, 15 J.)

Gott ist der Herr im Himmel, das steht ganz fest, das glaub ich sehr ernst, nur, ich möchte ihm einmal begegnen! Bitte help mir!!! (Mädchen, 15 J.)

Ich glaube nicht an Gott, denn ich habe schon so viel Schreckliches erlebt: Unfälle, wo gute Freunde gestorben sind, Katastrophen usw. (Junge, 17 J.)

An Gott glaube ich nicht, ich habe keinerlei Beziehung zu ihm. Früher, als ich mal in der Klemme saß, betete ich viel und er half mir nicht. (Junge, 16 J.)

Ich glaube an Gott, weil ich davon überzeugt bin, dass es eine höhere Macht gibt, und weil irgend jemand diese Erde erschaffen haben muss. (Mädchen, 16 J.)

Wenn es Gott gibt, wie kommt er ins Nichts? (Weltall)? Wie kommt die Materie ins Nichts? (Elektromaschinenbauer, 17 J.)

... es muss doch nachher irgendwie weitergehen, es kann damit nicht zu Ende sein, es muss einfach nach dem Tode weitergehen, vielleicht mit einem neuen Leben oder dem ewigen Leben. (Junge, 17 J.)

Gott ist für mich ein höheres Wesen, das weiterentwickelt ist als wir Menschen, der einmal schon auf der Erde war. Vielleicht sind das auch mehrere Wesen, die auf einem weit entfernten Planeten leben. (Junge, 17 J.)

Ich könnte mir höchstens vorstellen, dass es jemand ist, der wie Luft über uns ist. Nach meiner Ansicht ist es kein menschliches Wesen, sondern sozusagen etwas „Außerirdisches". (Junge, 16 J.)

Ich habe kein Bild von Gott. Er ist für mich die Inkarnation des Guten, des Verstehens und des Verzeihens. (Industriekauffrau, 19 J.)

Gott ist Hoffnung, Liebe, Gemeinschaft. (Junge, 17 J.)

Es ist schwierig, an ihn zu glauben, da er etwas Unvorstellbares ist. Ich kann ihn auch nicht in Bildern beschreiben, sondern nur als Gefühl in mir. (Junge, 18 J.)

Gott steht für die seelische Suche nach einem „Halt". (Mädchen, 18 J.)

Ob Gott wirklich existiert, weiß ich selbst nicht; aber auch ich brauche manchmal eine Vorstellung, die mir über manches hinweghilft (vielleicht ist Gott eine Traumvorstellung und ein Wunsch). (Junge, 18 J.)

Gott, das ist ein Wort, nichts anderes, doch für viele Menschen ist dieses Wort eine Stütze. (Junge, 17 J.)

In einer Welt voller Elend, Verzweiflung, Unmenschlichkeit und Konkurrenzkampf braucht jeder Mensch etwas, an das er glauben kann, auf dem seine Wünsche und Hoffnungen beruhen. (Junge, 18 J.)

Ich glaube an Gott, weil mir meine Eltern, meine Freundin, deren Eltern und viele andere Menschen und Beispiele gezeigt haben, dass es ihn gibt. (Junge, 17 J.)

Ich glaube an Gott, aber nicht an die Religion. Mich kotzt es an, wenn Frauen in die Kirche gehen um nur ihren Pelzmantel zu zeigen und nach der Kirche über andere Leute lästern. (Junge, 18 J.)

Gott ist für mich jemand, mit dem ich reden kann wie mit einem Freund, der sehr gut zuhört. (Mädchen, 16 J.)

Ich glaube an Gott, weil ich sonst vollkommen verlassen wäre. (Mädchen, 16 J.)

Es gibt Zeiten, an denen ich stärker an Gott denke und an den Tod oder was danach kommt. Dann bete ich auch. (Junge, 16 J).

Aus: Karl Ernst Nipkow: Erwachsenwerden ohne Gott? Gotteserfahrung im Lebenslauf. Chr. Kaiser Verlag: München 1987

Diese Beispiele sollten durch die Veranstalter mit Aussagen ihrer Kinder- und Jugendlichen oder der Jugendlichen der Zielgruppe ergänzt werden.

• Bevor die Teilnehmer den Raum betreten, wird ein Foto (**M 1**) an die Wand projiziert.

1. Einstieg

Die Teilnehmer werden aufgefordert, sich eine Aussage auszusuchen, die sie spontan anspricht. Sie stellen sich vor, die Anzahl der Kinder (Mädchen/Junge, Alter). Warum habe ich dieses Kärtchen ausgesucht? Wer will, kann eigene Erfahrungen zum Thema Glauben mit seinen Kindern einbringen. Keine Kommentierung!

2. Hauptteil

* *Impuls* des Referenten zum Thema. **(M 2)**
* *Diskussion:* Fragen, Anregungen, Ergänzungen, andere Meinungen ...

---

3. Schluss

* Lied: „Auf dem richtigen Weg" **(M 3)** oder
* Gedicht: „Jemand hat ..."

Materialien

M 1: *Foto eines jungen Paares*

Für mich war Gott höchstens ein komischer Vogel

„,Heute bin ich nicht mehr der Spielball meiner Umwelt', schreibt der 18-Jährige, der nachfolgend aus seinem Leben berichtet. Dabei kommt zum Ausdruck, wie nicht nur in großen Dimensionen, sondern auch im persönlichen Dasein eines Menschen ein Weltbild zusammenbrechen kann. Doch wenn Gott die Erlaubnis bekommt, kann er aus dem Zusammenbruch einiges wiederherstellen und neu aufbauen:

‚In meinen Augen bin ich eigentlich ein ganz normaler Jugendlicher gewesen: Ich ging zur Schule (wenn auch nicht so regelmäßig), habe mir daraus aber keinen großen Stress gemacht, es ging auch so. Ich war ein guter Schüler. Allerdings fand ich es in der Schule schon etwas ätzend. Aber ich konnte mich damit trösten, dass bald wieder Wochenende ist. Das war das Größte – da ging die Post ab. Obwohl ich erst 13 war, verbrachte ich die Nächte meist mit meinen älteren Freunden. Wir trafen uns und ließen uns soweit vollaufen, dass wir Action und Stimmung hatten. Man trank dann natürlich lieber harte Sachen, die führten schneller zum Ergebnis – anderes, wie z.B. Bier, zog nicht mehr.

Die Disco war unser Jagdrevier

Dann starteten wir unsere Tour. Wenn wir nicht auf irgendeinem Sauffest waren, landeten wir in einer Disco. Dies war unser Jagdrevier: Unser Ziel war, entweder voll zu sein und viel Spaß zu haben oder ein Mädchen abzuschleppen. Am besten war natürlich beides, aber meistens blieb nur der Alk ... Feste Beziehungen kannte ich kaum. Das war mir lästig, da wären ja Verpflichtungen auf mich zugekommen, und das hasste ich, ich wollte ja frei sein!
Doch, ob ich wirklich frei war? ...

Ich machte oft Dinge, die ich gar nicht wollte

Ich machte oft verrückte Dinge, die ich vielleicht gar nicht wollte. Als wir eines Morgens besoffen nach Hause gingen, kamen wir an einem Weihnachtsmarkt vorbei. Neugierig stöberten wir in den Ständen herum und fanden etwas, das uns gefiel. Ich packte fleißig ein, ohne mir etwas dabei zu denken. Auf halbem Heimweg sah ich, was das Zeug gekostet hätte ... Gott und Glauben waren für mich keine Themen.

Christen waren für mich langweilige, schwache Typen, die am Leben gescheitert sind und es allein nicht packen. Gott war ein Ausdruck von Wünschen. Oder falls es ihn gegeben hätte, wäre es höchstens ein Opi oder ein komischer Vogel gewesen, der eben keinen Durchblick hat und so lieber die Schnauze hält, um sich selber nicht zu blamieren. So war es klar, dass ich meine Zeit an Sonntagen nicht damit verschwendete, in die Kirche zu gehen, ausschlafen war sinnvoller. Und das brauchte ich nach meinen Touren auch.

Das Leben genießen und gleichzeitig zweimal dem Tode nahe

Ich wollte das Leben genießen, herausholen was geht. So hab' ich mich auch konfirmieren lassen – mit dem Erlös dann ein Moped finanziert. Mit dem baute ich im Vollrausch einen Unfall – ich wusste nicht 'mal mehr, dass ich überhaupt gefahren war. Doch nicht nur in diesem Moment hätte ich tot sein können. Das hätte auch damals passieren können, als ich nach fast zwei Obstlerflaschen einen Herzstillstand gehabt hatte …

Aber Gedanken hab ich mir nie gemacht. An Gott konnte nichts dran sein, das würde ja jeder Logik widersprechen, wäre realitätsfern und eben Opium fürs Volk. Da interessierten mich andere Dinge viel mehr; wenn ich Zeit hatte, bin ich denen auch nachgegangen: Ich beschäftigte mich mit Parapsychologie, Hypnose und fand dies interessant. Als ich von Okkultismus erfuhr, war ich sofort dabei. Da ging was ab, da musste ich dabei sein. Zuerst fasste ich es halb als Spielerei auf, doch dann stellte ich fest, dass es eine geistliche Dimension geben musste. Da passierten Dinge, die mit Psychologie nicht mehr zu erklären waren. So verschwand z.B. während einer Autofahrt unser Hilfsmittel für solche Sitzungen, ein Plakat mit verschiedenen Zeichen und Buchstaben, das ich persönlich in den Kofferraum gelegt hatte.

Mein Weltbild brach zusammen

Wie ich mich fühlte, kann ich nicht beschreiben. Tatsache war, dass ich plötzlich mein Denken, mein Leben in Frage stellen musste. Mein ganzes Weltbild brach zusammen. Ich war hilflos. Lagen wohl die dummen Christen richtig, und mein Leben war ein Flop? … So gab ich auf, ging zu einem katholischen Priester und erzählte ihm alles. Der erklärte mir einiges, ich machte die erste Beichte in meinem Leben und erahnte zum ersten Mal, was das ausgeleierte Sprüchlein *Jesus starb für dich am Kreuz* wirklich bedeutet

Ich war froh an Gott, und es war alles klar, bis auf eins: Der Priester hatte mir dringend empfohlen, mich einer Gruppe anzuschließen. Davor grauste mir: Das mit Gott war ja gerade noch o.k. – aber jetzt auch noch mit den stinklangweiligen Christen mein Leben zu teilen und mich mit ihnen zu identifizieren, war mir fast zu viel. Dann darf ich sicher nichts mehr trinken, muss verpflichtend kommen und alle meine Kumpels würden es merken – davor hatte ich Angst. Gab es denn keine andere Möglichkeit? Aber ich probierte es; das kostete mich einiges. Zunächst dachte ich, die spinnen alle, und wäre am liebsten wieder gegangen.

Ich brauch' vor Gott und Menschen keine Angst haben

Doch dann lernte ich Gott mehr und mehr kennen, wie er wirklich ist, dass ich vor ihm keine Angst haben muss, er mich liebt und aus meinem Leben etwas Neues machen möchte. So kam es auch. Ich stellte fest, dass die Christen doch nicht alle so daneben und langweilig sind; so veränderte sich auch mein engerer Freundeskreis. Heute verliere ich immer mehr die Angst davor, dass ich wie früher meinen Freunden dauernd etwas von mir geben muss. Bei meinem neuen Freundeskreis spüre ich zum ersten Mal, dass sie mir etwas schenken können, ohne das ich aufgeschmissen wäre: Liebe. So habe ich inzwischen auch den Mut, mich auf engere und feste Beziehungen einzulassen – ohne Angst. Vielmehr fühle ich mich in diesen Beziehungen frei, freue mich an den anderen und kann ihnen treu zur Seite stehen, egal was sie machen, sind oder zu welcher Konfession sie gehören.

Heute gibt es für mich keine langweiligen und dummen Christen mehr, sondern nur noch Kinder Gottes, die unser gemeinsamer Vater bedingungslos liebt, und die damit meine Geschwister sind. Ich versuche das zumindest, weil ich weiß, dass Gott uns als eine Familie sieht. So muss auch ich nicht mehr der coole Macher sein, der über allen anderen stehen möchte – weil Gott uns alle gleich gerne mag.

Ich bin nicht mehr der Spielball meiner Umwelt

Nachdem ich mein ganzes Leben änderte und es auf Gott ausrichtete, stellte ich immer mehr fest, was da für eine Power drin liegt, und

wie ich mich wirklich frei fühle von allen Zwängen und mich an Gott
freuen kann, ohne angeturnt zu sein. Meine Angst, nicht realistisch zu
sein, verflog, als ich merkte, dass ich heute bewusster entscheide, was
ich tue und was ich lasse. Ich bin nicht mehr nur der Spielball meiner
Umwelt ..."

Aus: C-Magazin, Nummer 11–1/90, März bis Mai, 4. Jahrgangg – rofü

Auszüge aus dem Zeugnis vorlesen.

* *Diskussion:* Was halten Sie von den Aussagen des Jugendlichen?
  (Nicht kommentieren!)
* Wer bin ich? *Die* Frage nach der Identität in der Pubertät.
  Maske mitbringen und sichtbar hinlegen.

Keiner kann mich kennen

Keiner kann mich kennen.
Ich lebe zwischen ihnen,
mit ihnen.
Doch was wissen sie von mir?
Name, Adresse, Hobbys,
einige Eigenarten.
Eigentlich alles,
im Grunde aber
nichts.

Ich gebe vor,
ich selbst zu sein,
in meinen Äußerungen und Taten,
doch bin wirklich ich es,
die hier zum Vorschein tritt?

Selbstbewusst, intelligent und beliebt
will ich sein.
Keine Außenseiterin,
keine, die ihr Ziel durch Kampf
erreichen muss.

Akzeptiert sein – so, wie ich bin!
Warum bin ich nicht fähig,
anderen zu zeigen wie ich bin,
wer ich bin?

Um zu gefallen,
aufgenommen zu werden,
muss ich mich anpassen.
Anpassen an Menschen, die nicht sind wie ich.

Mit zunehmendem Alter
steigt auch die Höhe der Wand, einer Wand, die ich baue,
um mein Innerstes zu verbergen.

Keine meiner geheimen Gedanken
– traurig oder verdorben –
sollen vor den Augen anderer
entblößt werden.

Jedes ihrer Worte dringt in mich ein,
beschäftigt mich,
betrübt mich.
Doch keine meiner innersten Gefühle
kennen sie.
Sie, die mich beurteilen
und bewerten.

Keiner kann mich kennen.

Jasmin Khan (15 J.); Quelle unbekannt

Im Jugendalter beginnt der junge Mensch, sich seiner eigenen Person zuzuwenden. Es ist eine Zeitspanne, in der vieles *ausprobiert* wird, um zu einer *eigenen Identität* oder einem eigenen Selbstkonzept zu finden. Identität ist *das, was jemand „wirklich" ist.* Folgende Fragen spielen eine große Rolle:
Wer bin ich, wie bin ich? Wie möchte ich sein? Wie glaube ich, dass ich werde? Für wen hält man mich? Wie möchten andere mich haben?

Ich denke, diese Fragen sind in dem eingangs vorgetragenen Zeugnis und in Jasmins Gedicht implizit enthalten.

Welche Entwicklungsaufgaben haben Jugendliche in der Pubertät zu bewältigen?

* Akzeptieren der körperlichen Gestalt,

* Aufbau neuer Beziehungen zum anderen Geschlecht,

* Vorbereitung des beruflichen Werdegangs,

* Entwickeln eines sozial verantwortlichen Handelns,

* Erwerb der jeweiligen Geschlechterrolle,

* emotionale Ablösung von Eltern und anderen Erwachsenen,

* Vorbereitung auf die Familiengründung,

* Schaffung eines eigenen Wertesystems,

* Suche nach Identität.

Aus: Hobmair (Hrsg.): Psychologie. Bildungsverlag EINS: Troisdorf 2003, S. 312-315

Über den Glauben reden, aber wie? Eltern und Jugendliche sollen:

Offen miteinander reden
Auch in schwierigen Situationen ist es hilfreicher, das offene Wort zu wagen als Ärger oder Besorgnis zu unterdrücken, Meinungsverschiedenheiten zu verharmlosen oder den strittigen Punkt ständiger Reibereien und Streitigkeiten zu übergehen.

Zuhören können
Es fällt nicht leicht, die Argumente und Standpunkte des anderen anzuhören und seine Beiträge nicht vorneweg als unsachgemäß oder ungerechtfertigt zu kennzeichnen. Das aber ist erforderlich, um zu einer fairen und allseits befriedigenden Lösung zu kommen.

Die eigene Meinung mitteilen

Wer seinen Standpunkt hat, sollte ihn auch vertreten. Er braucht sich nicht dahinter verstecken, was andere Leute angeblich denken und sagen. Deshalb gebraucht er das Wort „Ich" anstelle des unverbindlichen und verallgemeinernden Wortes „Man".

Behauptungen begründen

In Konfliktsituationen wird vieles einfach behauptet, ohne dass es im Letzten nachgewiesen oder begründet werden kann. Was der eine dem anderen in oft vorwurfsvollem Ton „schon immer hat sagen wollen", muss in etwa den Tatsachen entsprechen und von daher begründbar und gerechtfertigt sein.

Das Problem klären

Die Ursachen von Meinungsverschiedenheiten und Störungen können in der Sache und/oder in der Beziehung liegen. Hinter vermeintlich sachlichen Auseinandersetzungen verbergen sich häufiger als wir denken Beziehungsprobleme. Sie müssen zunächst geklärt werden, bevor die Sachfragen diskutiert werden können.

Ärger und Aggressionen äußern

Da es in Konfliktsituationen eben nicht nur um die Sache, sondern auch um Personen geht, sind immer wieder Ärger und Aggressionen im Spiel. Sie müssen dem anderen gegenüber ausgesprochen werden, ohne ihn allerdings bewusst verletzen zu wollen. Das gelingt aber nur, wenn dies rechtzeitig geschieht. Werden Ärger und Aggressionen fortlaufend unterdrückt, kommen sie irgendwann unkontrolliert zum Ausdruck.

Wünsche anmelden

Schwierigkeiten entstehen oft durch unbefriedigte Wünsche und Bedürfnisse. Viele sind der Meinung, dass der andere die eigenen Wünsche wahrnehmen, sozusagen von den Augen ablesen müsste. Das ist ein weit verbreiteter Irrtum. Mimik und Gestik bleiben oft mehrdeutig. Wer Wünsche hat, sollte sie offen sagen und sich dazu bekennen.

Den anderen verstehen wollen

Dies ist wohl eine der schwierigsten Anforderungen. In Konfliktsituationen sieht jeder zunächst einmal sich selbst und sein Anliegen. Aber wie der eine vom anderen Verständnis für sich und seine Situation erwartet, will umgekehrt sich auch der andere von seinem Konfliktpartner verstanden wissen. Sich um wechselseitiges Verständnis bemühen, ist grundlegende Voraussetzung zur Beilegung von Schwierigkeiten und Störungen.

Belastbarkeit erkennen

Versuche zur Konfliktlösung können nicht immer unmittelbar und zu jedem beliebigen Zeitpunkt erfolgen. Es gilt, die beiderseitige physische und psychische Belastbarkeit zu erkennen und gegebenenfalls die Auseinandersetzung zurückzustellen. Aufgeschoben bedeutet allerdings nicht aufgehoben!

Sich entschuldigen können

Wer einsieht, dass er dem anderen Unrecht getan hat, muss sich entschuldigen können. Wem diese Entschuldigung gegenüber ausgesprochen wird, muss auch bereit sein, sie anzunehmen. Beides ist leichter gesagt als getan. Aber diese Haltung ist Grundlage von Vergebung und Neuanfang.

Eltern und Jugendliche ringen mit Gott um den eigenen Weg

An Gott glauben bedeutet auch, mit ihm um den eigenen Weg ringen. Maria ist enttäuscht über ihren zwölfjährigen Sohn, der im Tempel bleibt und fragt vorwurfsvoll; „Kind, wie konntest du uns das antun? Dein Vater und ich haben dich voller Angst gesucht" (Lk 2,49). Auch Jesus hatte seine eigene Gottesvorstellung und wollte sich von seinen Eltern „absetzen".

Zweifel an Gott oder Glaubensinhalten sind nicht verboten, das blockiert nur das Weiterdenken. Wir sollten uns freuen, wenn Kinder sich eigene Gedanken über „Gott und die Welt" machen. Zweifel sollten sehr ernst genommen werden, sie regen immer auch zum Nachdenken an: Wie kann ich ein und dieselbe Sache aus einer anderen Perspektive sehen? Was verändert sich dabei? Was bleibt gleich? Woran muss ich festhalten, was kann ich vergessen oder getrost beiseite lassen? Junge Menschen in der Pubertät brauchen „Mit-Zweifelnde". Das ist nicht so zu verstehen, dass Erwachsene die gleichen Zweifel mit den Kindern teilen. Nein, dann könnten Kinder sich nicht mit Meinungen, Welt-, Menschen- und Gottesbildern auseinander setzen. Mitzweifeln ist eine Chance zu neuem Denken bei Eltern und bei Jugendlichen.

Mit den Kindern über unseren Glauben „reden" meint eine innere Haltung, aus der heraus wir unser Leben und unsere Beziehungen zu den Kindern gestalten. Das könnte dann für die Eltern heißen:

* Sie loslassen, selbst mehr Zurückhaltung üben, ihnen vertrauen.
* Sie und sich selbst nicht mit Erwartungen überfordern.
* Zeit und Energie in eine offene und vertrauensvolle Beziehung investieren, aber auch Grenzen setzen.
* Nicht moralisieren, aber die eigenen Wertvorstellungen leben.
* Sich täglich Zeit nehmen (für Stille, Lesen, Musik, Natur, Bibel Lesen …), um sich der Gegenwart Jesu zu öffnen (siehe: Wunibald Müller: Wie ein Baum … bei Literatur).
* Dem Geist Gottes und den erwachsenen Kindern vertrauen, positiv an sie denken, für sie beten, sie segnen.
* Die eigenen Grenzen und Fehler sehen, Geduld aufbringen, bereit sein zur Versöhnung.

Auszüge frei nach: Peter Müller: Spirituell leben im Umgang mit erwachsenen Kindern. In: Kath. Sonntagsblatt der Diözese Rottenburg-Stuttgart, Nr. 25/2005, Schwabenverlag, Ostfildern, S. 22-23 und

Werner Tzscheetzsch: Pubertät: Im Zweifel Gott suchen. In: Kath. Sonntagsblatt der Diözese Rottenburg-Stuttgart, a.a.O., Nr. 27/2004, S. 22-23

M 3: *Auf dem richtigen Weg*

Musik: Martin Frey; Text: Martin Frey, Michael Rathgeb; 1988 by Effata

Man hat mir gesagt, es sei zu gewagt auf Gott zu baun
„Kämpf um Ansehen und Geld, was man von Dir hält
bestimmt Deinen Wert"
Kommt es auf mein Image an, muss ich stark sein?
Doch ich weiß, dass es nicht lohnt etwas vorzutäuschen,
mich nach anderen zu richten,
auf mich selbst zu verzichten.
Nur einer gibt mir meinen richtigen Wert.
Suche Deine eigene Art

denn als Original brauchst Du niemand imitieren
Deine wahre Identität
wirst Du niemals allein, ohne Deinen Schöpfer finden.
Keiner kennt Dich wie Er, was noch verdeckt in Dir steckt
das gibt Mut und Hoffnung,
denn mit Jesus bist Du auf dem richtigen Weg.

Es gibt einen Weg, der dich befreit Du selbst zu sein
Wenn du auf ihm gehst, eröffnet sich Dir eine neue Welt
Es kommt nicht mehr auf Dein Image an, Du musst nicht
Stark sein
Er zeigt dir, dass sich Ehrlichkeit lohnt,
sich nichts vorzutäuschen
Stärken zu sehen Schwächen einzugestehen
Seine Liebe gibt Dir Deinen wahren Wert.

Aus CD: Effata: „Total fasziniert", erhältlich über Immanuel Buchladen
Ravensburg, info@immanuel.de

M 4: *Jemand hat ... (Quelle unbekannt)*

Jemand hat
mir zugelächelt
mir Mut gemacht
mir zugehört
mich um Rat gefragt
Zeit für mich gehabt
mir liebevoll auf die Schulter geklopft
sich von mir führen lassen
mir Vertrauen geschenkt
mir die Hand gereicht
mir Blumen gegeben
mir die Sterne gezeigt
mir übers Haar gestrichen
mich an sein Herz gedrückt
mich ernst genommen…
Jemand hat sich als
Christ bewährt

Literatur

Reinhard Abeln: Geduld und immer wieder Geduld. Eltern vor den religiösen Konflikten der Heranwachsenden. In: Kath. Sonntagsblatt der Diözese Rottenburg-Stuttgart, Nr. 32/1978, Schwabenverlag, Ostfildern, S. 9

Albert Biesinger: Kinder brauchen mehr als alles. Eine Elternschule. Schwabenverlag: Ostfildern 2003
Das Buch enthält ein Kapitel: Herausfordernd und verletzlich – Pubertät. Die Beiträge sind kompetent und leicht verständlich.
Die Autorinnen und Autoren geben mit viel Fachwissen und genährt aus eigenen Erfahrungen als Mütter und Väter wertvolle Anregungen, wie bedeutsame Stationen im familiären Miteinander gestaltet und konfliktreiche Situationen gemeistert werden können. Dabei wird deutlich, dass eine religiöse Dimension in der Erziehung alle Beteiligten entlastet und bereichert.

Peter Müller: Spirituell leben im Umgang mit erwachsenen Kindern. In: Kath. Sonntagsblatt der Diözese Rottenburg-Stuttgart, Nr. 25/2005, S. 22-23, a.a.O.

Helga Kohler-Spiegel: Jugendalter – „die verletzlichen Jahre". In: Kath. Sonntagsblatt der Diözese Rottenburg-Stuttgart, Nr. 28/2004, S. 22-23, a.a.O.

Werner Tzscheetzsch: Pubertät: Im Zweifel Gott suchen. In: Kath. Sonntagsblatt der Diözese Rottenburg-Stuttgart, Nr. 27/2004, S. 22-23, a.a.O.

Okkulte Praktiken Jugendlicher – „Kick" oder Suche nach Sinn?

Elternabend für Eltern von Kindern und Jugendlichen ab circa zehn Jahren

Vorbemerkungen

* Einen Stuhlkreis um eine gestaltete Mitte vorbereiten: Zum Beispiel eine Vergrößerung der Titelseite von „*Mädchen* spezial" oder vielleicht ein „Tischchen", Gläser, ein Quija-Board, ein Pendel, Tarot-Karten ...

* Empfehlenswert ist, wenn der Veranstalter vorher bei Eltern Fragen zum Thema erbittet, die auf DIN-A5-Blättern um die Mitte herum hingelegt werden.

1. Einstieg

Die Teilnehmer suchen sich aus der Mitte eine Frage heraus, die sie spontan anspricht. Sie stellen sich vor (Name, Anzahl der Kinder, Junge/Mädchen; warum habe ich diese Frage ausgewählt?) Die Teilnehmer werden aufgefordert, eigene Erfahrungen mit Kindern und Jugendlichen (evtl. mit ihren eigenen Kindern) zum Thema vorzubringen. Keine Kommentierung.

* *Leserbrief eines 15-Jährigen an Bravo.* **(M 1)**
  Der Referent liest den Leserbrief vor und fragt anschließend die Teilnehmer, welchen Rat sie Günther geben würden?
* *Antwort von BRAVO.* **(M 1)**
  Vorlesen.
* *Stellungnahme zur Antwort von BRAVO.*
  Was halten Sie von der Antwort?

2. Hauptteil

* Film: „Moskito: Okkultismus". **(M 2)**
* Auszug zeigen, beispielsweise zu Gläser- und Tischerücken, Pendeln (dies sind die von Jugendlichen am häufigsten durchgeführten Praktiken).
* Gespräch über den Film: Wo können Sie zustimmen, wo nicht?
* Impuls zum Thema. **(M 3)**

---

3. Schluss

* Lied: „Auf dem richtigen Weg" (siehe S. 165) oder
* Gedicht: „Jemand hat ... (siehe S. 166).

Materialien

M 1: *Seit unseren Geisterbeschwörungen habe ich Angst (BRAVO 28/1988)*

Ich habe ein großes Problem, mit dem ich allein nicht mehr fertig werde. Zusammen mit meiner Clique mache ich des Öfteren Geisterbeschwörungen (Gläserrücken, Tischerücken u.Ä.). Am Anfang habe ich es genauso wie meine Freunde nur als Zeitvertreib und Spaß angesehen, aber langsam bekomme ich echt Angst. Ich fühle mich richtig verfolgt, zumal in meinem Zimmer neuerdings so mysteriöse Dinge geschehen. Musik wird von selbst immer lauter oder leiser, Kerzenlicht flackert plötzlich, und wenn ich allein zum Beispiel Gläserrücken mache, führt das Glas immer zielstrebig in meine Richtung anstatt zu den Buchstabentäfelchen. Mir wird das nun langsam echt zu unheimlich. Bitte sagt mir, wie Ihr Euch das alles erklären könnt.

Günther, 15, Flensburg

Antwort von BRAVO

Du bist durch Deine übersinnlichen Freizeitbeschäftigungen übersensibel geworden. So kann es durchaus sein, dass Du Geräusche, Gerüche, kurz alle Sinnesempfindungen, die Du früher überhaupt nicht besonders beachtet hast, jetzt erst so richtig wahrnimmst. Dann ist es doch klar, dass Dir diese Wahrnehmungen zuerst mal komisch vorkommen. Und vor allem, wenn Ihr Euch dann wieder zusammensetzt und glaubt, über Gläserrücken Kontakt zu Verstorbenen zu bekommen, wird ganz normales Kerzenflackern schnell mit einem deutlichen Signal aus dem Jenseits verwechselt. Klar, dass es Dir dann kalt den Rücken herunterläuft und Du es mit der Angst zu tun kriegst.

Die Macht der menschlichen Einbildung und Phantasie ist grenzenlos und hat schon viele Menschen in den Wahnsinn geführt. Deshalb muss man allen sensiblen Menschen vom leichtsinnigen Spiel mit dem Übersinnlichen abraten. Lass also die Finger davon! Dann wirst Du auch Deine Ängste wieder loswerden und nachts wieder ruhig schlafen können.

M 2: *Moskito: Okkultismus (Video)*

45 Min., f., Magazinsendung, 1990, FSK 12, VC 626
Okkultismus bei Jugendlichen hat verschiedene Ausprägungen: Aberglaube, Horoskope, Tischerücken, Pendeln, Hellsehen. Diese Praktiken und ihre Bedeutung werden in kurzen Dokumentationen, in Interviews, Comics, Sketchen und Musikclips vorgestellt und zum Teil analysiert. Auszuleihen beim Ökumenischen Medienladen in Stuttgart: info@oekumenischer-medienladen.de.

M 3: *Impuls zum Thema*

Jeder zweite Jugendliche hat keinen Bezug mehr zu seinem eigenen Religionsbekenntnis, mehr als 60% aller Jugendlichen halten Gespräche über religiöse Themen für unwichtig. Vielmehr gilt die Aufmerksamkeit Jugendlicher okkulten Phänomenen wie Telepathie, Telekinese, Wunderheilungen und deren medialen Verarbeitung in Mysteryserien und Fantasyfilmen. Dies ergab eine aktuelle Jugendstudie aus Tirol. Es wurden 700 Jugendliche im Alter zwischen 14 und 29 Jahren zu den Themen Religiosität, Satanismus und Okkultismus befragt. Die meisten Antworten fanden sich bei Tisch- und Gläserrücken, Karten legen, Pendeln, Traumdeutungen und Horoskopen.

Aus: Peter Schulte: Religiosität, Okkultismus, Satanismus. Ergebnisse einer aktuellen Jugendstudie aus Tirol. In: Zeitschrift für Religions- und Weltanschauungsfragen. Hrsg.: Evangelische Zentralstelle für Weltanschauungsfragen, Heft 11/2004, EKD Verlag, Hannover, S. 417-424, E-Mail: info@ezw-berlin.de

Der Theologe und Literaturwissenschaftler Michael Krämer, Referent in der Erwachsenenbildung der Diözese Rottenburg-Stuttgart schreibt zu diesem Thema:
„Unsere Welt ist ja nicht so einfach, gerade für jene nicht, die in sie hineinwachsen. Und sie scheint auf der anderen Seite voller Planbarkeiten, alles ist irgendwie vorausbestimmt: Schule, Lehre oder Abitur, Studium, Beruf … oder auch Arbeitslosigkeit. Dann kommt so Unwägbares ins Spiel wie Liebe und Freundschaft, dann geht es um die Frage, wie lange habe ich, haben wir Zeit in diesem Leben. Was soll das Ganze eigentlich? Es sind die alten philosophischen Fragen, die sich auch heute noch Jugendliche stellen: Woher komme ich, wohin gehe ich, wer bin ich? …
Vorgefertigte Antworten waren Sache der Jugend noch nie. Formeln und Formelhaftes stoßen bei ihnen auf Ablehnung. Und die anscheinend so sichere Welt der Erwachsenen ist etwas, das sie vielleicht doch weniger anzieht als das Abenteuer.
Gleichzeitig ist für viele Jugendliche auch eine Frage, wie sehr ihre Eltern sie mögen und wie sie das spüren. Die Jugendlichen fragen nach dem Sinn ihres Lebens. Es muss doch noch etwas mehr geben als Schule, Beruf, materielle Sicherheit … Die Frage nach dem Lebenssinn ist eine Beziehungsfrage. Kein Mensch erschafft sich seinen Lebenssinn selbst. Kein Mensch wird aus sich selbst heraus Mensch. Immer geschieht das im Zusammenhang mit anderen. Diese anderen sind zuallererst die Eltern.
Dass Kinder und Jugendliche mit spiritistischen Praktiken zu tun bekommen, können Eltern wohl nicht verhindern. Wenn irgendwo so etwas praktiziert wird, treibt schon die Neugierde Kinder dahin. Die Frage ist, wie es dann weitergeht. Denn grundsätzlich ist zu sagen, dass solche Praktiken alles andere als ungefährlich sind.
Das Gefährliche besteht nicht in der angeblichen Gegenwart von ‚Geistern', wie die Jugendlichen selbst glauben mögen. Die Gefahr ist eine

doppelte: Zum einen werden Menschen von solchen Praktiken abhängig, sie richten ihre Lebensfragen zum Beispiel an das Glas und erhalten dann die merkwürdigsten Antworten. Eine junge Frau hat zum Beispiel kurz vor dem Abitur die Schule aufgegeben, nachdem ihr das Glas mitgeteilt hatte, dass sie nur noch ein Jahr zu leben habe. Gerade Jugendliche, die mitten in der Entwicklung stehen, die noch nicht wissen, wie weit sie sich auf sich selbst verlassen können und wie weit sie anderen trauen dürfen, sind hier besonders gefährdet. Eine zweite Gefahr, jedenfalls für einen erheblichen Teil der Jugendlichen, ist, dass sie durch solche Verfahren eine Bewusstseinsspaltung erleiden können. Sie beginnen dann plötzlich auch jenseits der Sitzungen Stimmen zu hören oder etwas zu sehen, das auf sie einwirken will. Man spricht hier von *mediumistischer Psychose*. Und solche Psychosen können durchaus lebensgefährlich sein.

Wenn im Familienbund Beziehung entstanden ist, wenn Kinder und Jugendliche mit ihren Erfahrungen – auch solchen – bei ihren Eltern landen können, dann ist schon viel gewonnen. Zudem stellt sich aber die Frage, wie Kinder gegen die Attraktivität spiritistischer Techniken zu immunisieren sind, das heißt gegen eine längerfristige Bindung an solche Praktiken.

Wir leben in einer Gesellschaft, in der Glauben nicht sonderlich viel gilt. Das, was nicht gilt, verschwindet deswegen aber keineswegs. Es wandert vielmehr ab in den Untergrund, wirkt unbewusst weiter. Glauben wird dann zu Aberglauben. Deswegen ist es notwendig, Glauben immer wieder zum Gesprächsgegenstand zu machen, ihn zu reflektieren.

Kein Mensch kommt ohne Glauben aus. Jede Beziehung, jedes Gespräch lebt vom Glauben, dass der andere mir wohl will, dass er etwas erzählt, das stimmt. Wir glauben unseren Erinnerungen, wir glauben vielleicht an eine Zukunft. Diese Formen des Glaubens sind unumgänglich. Und wir übertragen sie auch auf den letzten Sinn unseres Lebens, auf die Hand, die alles hält.

Wenn wir darüber nicht sprechen, dann wird unser Glaubenssinn verführbar und richtet sich auf alles Mögliche, das Erlösungsversprechen bietet, sei es die Werbung, sei es politische Bauernfängerei, sei es Fundamentalismus oder eben auch Spiritismus.

Wenn Eltern also ihre Kinder vor derlei schützen wollen, dann ist auf der Beziehungsebene ein hohes Maß an Nähe notwendig, die auch das klare Nein zu solchen Praktiken einschließt. Auch daran erkennen Kinder die Sorge ihrer Eltern um sie. Auf der Gesprächsebene wird es notwendig sein, zum einen die Gefahren spiritistischer Praktiken aufzuzeigen und zum andern den Glauben immer wieder zu thematisieren und zu leben."

Aus: Michael Krämer: Geister, Teufel, Schreckenszeug. In: Kath. Sonntagsblatt der Diözese Rottenburg-Stuttgart, Ausgabe 42/2004, Schwabenverlag, Ostfildern, S. 24-25

Literatur

Hansjörg Hemminger, Geister, Hexen, Halloween. Esoterik und Okkultismus im Alltag. Ein Ratgeber für Eltern. Brunnen-Verlag: Gießen 2002
Das Buch behandelt vor allem den Jugendokkultismus und die Fantasy-Literatur. Darüber hinaus enthält es einen knapp gehaltenen Teil, der die biblische Sicht auf okkulte Phänomene beschreibt und deutlich macht, dass die weit verbreitete Angst vor „dämonischer Besessenheit", etwa nach der Lektüre eine Harry-Potter-Buches, die nur durch spezielle „Befreiungsdienste" wieder gebannt werden kann, biblisch kaum begründbar ist. „Haben wir noch nicht gelernt, dass unsere Maßnahmen zur Bekämpfung des Okkultismus in der Gefahr stehen, zu schlimmeren Übeln zu werden als der Okkultismus selbst?" Das Buch liefert wertvolle Orientierungshilfen, wie Eltern auf fragwürdige Phänomene der Jugendkultur angemessen reagieren können.

Harald Lamprecht u.a.: Kontakte zum Jenseits? Eine christliche Orientierungshilfe. In: Zeitschrift für Religions- und Weltanschauungsfragen, Heft 12/2005, EDD-Verlag, Hannover, S. 455-461, info@ezw-berlin.de
Ein leicht verständlicher Überblick über Okkultismus, Spiritismus, Spiritualismus, Pendeln, Gläserrücken und Ouija-Board, Channeling, New Age, Reinkarnation; biblisch-theologische und seelsorgerliche Aspekte; die Suche nach einer Gemeinschaft, die nicht mit dem Tode endet; die Gemeinschaft der Lebenden und Toten; hilfreiche Ratschläge.

Werner Thiede: Suche nach Thrill oder nach Sinn? Teil I: Zur Frage der (Be)Deutung von Okkultismus unter jungen Menschen. In: Zeitschrift für Religions- und Weltanschauungsfragen, Heft 5/2003, a.a.O., S. 163-175

Eine wissenschaftlich sehr gründliche Analyse der Ursachen des Jugendokkultismus. Jugendokkultismus ist letztlich ein Bedürfnis nach erfahrbarer Transzendenz. Diesen Beitrag sollte man als Grundlage zur Beschäftigung mit dem Thema lesen.

Werner Thiede: Suche nach Thrill oder Sinn? Teil II: Zur Frage der (Be-)Deutung von Satanismus unter jungen Menschen. In: Zeitschrift für Religions- und Weltanschauungsfragen, Heft 7/2003, a.a.O., S. 243-253

Der Autor

Anton Brehm ist Reallehrer, Diplompädagoge und Medienreferent der Diözese Rottenburg-Stuttgart und des Ev. Medienzentrums Stuttgart. Er hat an der Realschule die Fächer Deutsch, Religion, Geschichte/ Gemeinschaftskunde unterrichtet. Danach lehrte er über 20 Jahre am Institut für soziale Berufe Ravensburg als Dozent die Fächer Psychologie und Medienpädagogik. Seit über 30 Jahren gibt er Seminare in der Erwachsenenbildung bei kirchlichen Bildungswerken.

Medienpädagogik und Medienpraxis
Lehr- und Arbeitsbücher für soziale Berufe

Kinder und Jugendliche wachsen in einer Welt auf, die stark von Medien beeinflusst wird und denen sich niemand entziehen kann. Sie verbringen einen großen Teil ihrer Freizeit mit Medien.

Das Lehr- und Arbeitsbuch (Band 1) gibt eine Einführung in die Medienpädagogik der Printmedien für Kinder, Jugendliche und alte Menschen: Märchen, Bilderbücher, Kinder- und Jugendbücher, Kinder- und Jugendzeitschriften. Band 2 beschäftigt sich mit den unterschiedlichen Formen der aktiven Medienarbeit mit Film, Fernsehen und Video. Ebenso werden die Themen Computer und Internet sowie aktive Radioarbeit behandelt.

Zu allen Themen werden Wiederholungsfragen, Anwendungsaufgaben und Anregungen für den Unterricht angeboten sowie beispielhafte Schülerarbeiten vorgestellt.

Anton Brehm
Medienpädagogik und Medienpraxis
für soziale Berufe
Lehr- und Arbeitsbuch (Band 1)
2004, 256 Seiten
Euro 18,00/SFr 31,90
ISBN 3-7841-1545-4

Anton Brehm, Roland Kohm
Medienpädagogik und Medienpraxis
für soziale Berufe
Lehr- und Arbeitsbuch (Band 2)
2005, ca. 360 Seiten
ca. Euro 24,00/SFr 42,10
ISBN 3-7841-1580-2

Lambertus-Verlag GmbH • Postfach 1026 • D-79010 Freiburg
Telefon 0761-368 25 25 • Telefax 0761-368 25 33
info@lambertus.de • www.lambertus.de